C.H.BECK **WISSEN**

in der Beck'schen Reihe

Seit geraumer Zeit ist die Rede von „Fundamentalismus“ und von „fundamentalistischen“ Tendenzen inflationär. Und das in allen Bereichen des gesellschaftlichen, politischen, aber auch kulturellen und religiösen Lebens. Die dramatischen Veränderungen im Iran durch die islamische Revolution in den 80er Jahren haben die Weltöffentlichkeit auf die Brisanz eines Phänomens aufmerksam gemacht, das als „Fundamentalismus“ die Grenzen der islamischen Religion bei weitem überschreitet. So macht sich heute auch im Judentum religiöser Fundamentalismus durch massive Einflußnahme ultraorthodoxer religiöser Kreise auf das Staatsleben in Israel bemerkbar. Auch im christlichen Bereich formieren sich Kräfte, die etwa den ausschließlichen Wahrheitsanspruch eines buchstabengetreuen Bibelverständnisses vertreten, absoluten Gehorsam gegenüber den tradierten und aktuellen Weisungen der Amtsträger selbst in Detailfragen der Lebensführung fordern und jede Toleranz des Glaubens gegenüber dem Pluralismus unserer Welt als modernistischen Irrweg bekämpfen.

Klaus Kienzler ist o. Professor für Fundamentaltheologie an der Universität Augsburg. Veröffentlichungen u. a.: „Auferstehung“ (1976), „Anselm von Canterbury“ (1981); Co-Autor: „Mythos und Glaube“ (1985); „Religionsphilosophie“ (1988), „Versöhnung in der jüdischen und christlichen Liturgie“ (1990), „Der neue Fundamentalismus“ (1990).

Klaus Kienzler

DER RELIGIÖSE FUNDAMENTALISMUS

Christentum, Judentum, Islam

Verlag C.H.Beck

1. Auflage 1996
2. Auflage 1999
3. Auflage 2001

4. Auflage. 2002
Originalausgabe

Gesamtherstellung: Druckerei C. H. Beck, Nördlingen
Umschlagentwurf: Uwe Göbel, München
Printed in Germany
ISBN 3 406 40331 X

www.beck.de

Inhalt

Vorwort

Im Jahre 1989 fragte mich eine Akademie, ob ich bei einer Tagung zum Thema „Fundamentalismus“ einen Beitrag einbringen könnte. Ich lehnte ab. Ich tat es mit der Begründung, der Begriff des Fundamentalismus sei bisher sehr diffus, er werde eher als Schimpfwort für allerlei Umtriebe in der Gesellschaft, in der Politik und in den Weltreligionen gebraucht. Mir seien kaum präzise Überlegungen und Forschungen zu diesem Begriff bekannt, schon gar nicht, was das Christentum betreffe. Nach einiger Zeit hakte die Akademie nach, das Thema sei so wichtig, daß man mich doch um einen Beitrag bitte. Den anderen Teilnehmern aus der Politik, der Philosophie oder denen außerchristlicher Religionen ginge es nicht anders. Es wäre auch schon interessant, erste vorläufige Gedanken zu den Erscheinungen des Fundamentalismus in den verschiedensten Bereichen zu sammeln. Ich sagte schließlich zu.

Das war – wohlgemerkt – 1989. Die Tagung fand im selben Jahr tatsächlich statt. Sechs Jahre danach ist die Situation eine völlig andere: der Begriff „Fundamentalismus“ ist – zu Recht oder zu Unrecht – in aller Mund. Damals mußte ich mit den übrigen Teilnehmern die Erfahrung machen, daß wir in der Tat erste Versuche wagten. Die Ergebnisse der Tagung sind im Jahre 1990 publiziert worden. Schon ein Jahr danach war mir aber bewußt geworden, daß, was wir – einige wenige – scheinbar im Alleingang begonnen hatten, in Wirklichkeit zur gleichen Zeit viele andere Forscher bereits beschäftigt hatte. Um das Jahr 1990 setzte eine wahre Woge von Veröffentlichungen zum Thema Fundamentalismus ein. Was war geschehen? Wie konnte „Fundamentalismus“ in kürzester Zeit zu einem Schlagwort sondergleichen werden?

I. Fundamentalismus, Fundamentalismen – schillernde Zeiterscheinungen

1. Es begann in den 70er Jahren

In Wirklichkeit begann die Geschichte der neueren Fundamentalismen, die uns heute so aufregt, bereits in der zweiten Hälfte der 70er Jahre. Der Franzose Gilles Kepel sieht in seinem Buch *Die Rache Gottes* in den Jahreszahlen 1977/1978 /1979 bedeutsame Daten für die neuere Geschichte des Fundamentalismus. In diesen Jahren kommt es nacheinander zu einschneidenden Veränderungen im Judentum, im Christentum und im Islam.

1977. Bei den Parlamentswahlen im Mai 1977 erleidet die Arbeiterpartei Israels eine schwere Niederlage und wird zum ersten Mal in der Geschichte des Staates Israel aus der Regierung verdrängt. Neuer Premierminister wird Menachem Begin vom Likkud-Block. Damals erhielten die religiösen Gruppen, die lange Zeit politisch recht unbedeutend erschienen, einen neuen Auftrieb. Der Grund dafür dürfte in den Mißerfolgen des Oktoberkrieges 1973 zu sehen sein, der die Bevölkerung Israels tief verunsichert hatte. Die neue Regierung gründete im Namen des auserwählten Volkes und mit dem Nachdruck der erstarkten Religiösen zahlreiche neue Siedlungen in den besetzten Gebieten.

1978. Im September 1978 wählt das Konklave in Rom den polnischen Kardinal Karol Wojtila zum Papst der römisch-katholischen Kirche. Mit seiner Wahl versprachen sich viele Katholiken ein Ende der Verunsicherung, die sich seit dem Zweiten Vatikanischen Konzil in der katholischen Kirche ausgebreitet hatte. In der Tat wurde der Einfluß der Katholiken von rechts, um nur die Traditionalisten um Erzbischof Lefebvre zu nennen, größer, während die Katholiken von links, die sich lange Zeit als Gewissen der Kirche und des Konzils verstanden hatten, zunehmend in die Defensive gerieten.

1979. Das Jahr 1979 leitet nach islamischer Rechnung das 15. Jahrhundert ein. Es beginnt mit der Rückkehr Ayatollah

Khomeinis nach Teheran im Februar, an die sich die Ausrufung der Islamischen Republik anschließt. Es endet im November mit der Erstürmung der großen Moschee von Mekka durch eine bewaffnete Gruppe, die dagegen protestierte, daß die heiligen Stätten von der saudischen Herrscherfamilie kontrolliert werden. Mit einem Schlag wird das gesamte Potential, das der Islam in sich birgt, der Weltöffentlichkeit vor Augen gestellt. Die 70er Jahre haben die islamischen Bewegungen von Malaysia bis zum Senegal, von den islamischen Sowjetrepubliken bis zu den europäischen Großstädten, in denen Millionen muslimischer Einwanderer angesiedelt sind, getragen.

1980. Man könnte in unserem Zusammenhang das Jahr 1980 anfügen. In diesem Jahr wurde Ronald Reagan zum amerikanischen Präsidenten gewählt. Die Wahlanalytiker kamen bald zu dem Ergebnis, daß die überraschende Wahl Reagans zum Präsidenten auf Grund der Propaganda vor allem auch fundamentalistischer Gruppen in den USA, etwa der 1979 gegründeten „Moral Majority", zustande kam.

2. Neuere Erscheinungen des Fundamentalismus

Einer der ersten in der BRD, der auf den Fundamentalismus in aller Welt und besonders in Deutschland aufmerksam gemacht hatte, war Ende der 80er Jahre der Politologe Thomas Meyer. Er fand in erstaunlich vielen Bereichen ähnliche Erscheinungen, die er unter dem Begriff des Fundamentalismus zusammenfaßte. Eine solche erste vorläufige Zusammenfassung mag dazu dienen, auf die vielfältigen Erscheinungsformen in der Welt von heute erst einmal aufmerksam zu werden. Thomas Meyer formulierte: „Fundamentalismus ist eine willkürliche Abschließungsbewegung, die als immanente Gegentendenz zum modernen Prozeß der generellen Öffnung des Denkens, des Handelns, der Lebensformen und des Gemeinwesens absolute Gewißheit, festen Halt, verläßliche Geborgenheit und unbezweifelbare Orientierung durch irrationale Verdammung aller Alternativen zurückbringen soll" (Fundamentalismus, S. 18). – Wo waren solche Bewegungen und Verhaltensweisen in den letzten Jahren zu bemerken?

In den Religionen
Seit den siebziger Jahren hat sich das Wort Fundamentalismus für Strömungen der sogenannten Re-Islamisierung eingebürgert. Zunächst ist hier an den revolutionären Iran unter Khomeini zu denken, später griff diese aber auf viele islamische Länder über. Diese Renaissance des Islam kam weitgehend – vor allem für den Westen – überraschend, nachdem man eher Tendenzen der Liberalisierung und Ermüdung des Islam zu bemerken glaubte – in der Folge des 19. Jahrhunderts, in dem die Imperial- und Kolonialmächte mit den islamischen und arabischen Staaten recht skrupellos umgesprungen waren. Vorläufer der neueren Reislamisierung hatten sich allerdings bereits in den 30er Jahren in den damals gegründeten Muslimbruderschaften angekündigt.

Die neue Variante bekam der Begriff des Fundamentalismus – wie gesagt – durch die stark politische Aktivierung des Islam etwa im schiitischen Iran Khomeinis, aber auch durch sunnitische Gruppen im Sudan, in Pakistan u.v.m. Gekennzeichnet ist hier der Fundamentalismus durch die Politisierung der Religion. Sie hat zum Ziel die Errichtung des islamischen Gottesstaates auf Erden, für die jetzige Zeit aber die bisweilen grausame Wiederbelebung der traditionellen Rechtsordnung (Sharia). Die damit verbundene buchstabengetreue Koranauslegung führte in vielen islamischen Ländern zu einer radikalen Ablehnung aller rationalen und liberalen westlichen Einflüsse.

Seit im indischen Ajodhja radikale Hindus den Abriß einer Moschee gefordert haben, um an dieser Stelle einen Tempel für ihren Gott Rama zu errichten, blickt die westliche Welt gespannt auf eine radikal-religiöse Gruppierung des Hinduismus und verwendet für sie ebenfalls die Bezeichnung fundamentalistisch. Politisch relevant ist diese Gruppierung durch eine Partei, die BJP (Bharatiya Janata Party), die aus den indischen Parlamentswahlen von 1991 als zweitstärkste Partei hervorgegangen ist und eine bedeutende politische Kraft im

Lande darstellt. Diese Partei schafft viel Unruhe unter den Nichthindus Indiens wie Muslimen, Sikhs und Christen.

In der Politik

Seit etwa zwei Jahrzehnten wird das Wort Fundamentalismus auf Vertreter bestimmter politischer Überzeugungen angewandt, die aus alternativen Bewegungen hervorgegangen sind und radikale Forderungen ohne Kompromisse erheben. In der Partei der Grünen, aber nicht nur dort, läßt sich die Auseinandersetzung zwischen Fundamentalisten und Realpolitikern beobachten. Rudolf Bahro gebraucht bewußt die Bezeichnung „Fundamentalist". Da sich diese Gruppierung selbst als Fundamentalopposition gegen das politische System versteht, wird sie von ihren Parteigegnern, den „Realos", im Jargon „Fundis" genannt. Diese gegenseitige Namengebung verrät die Positionen. Bei den Realisten gelten die Fundamentalisten als Ideologen, die keinen Bezug zur Realität haben, während die Fundamentalisten die Realisten verdächtigen, sich mit dem System zu arrangieren und damit jede Möglichkeit einer Veränderung aus der Hand zu geben.

In der Philosophie

Der Philosoph Hans Albert hat schon in den 60er Jahren den Begriff des Fundamentalismus zur Bezeichnung einer bestimmten philosophischen Einstellung verwendet. Es ging damals um die Wissenschaftsdebatte der 60er Jahre, als die Neopositivisten, die Neomarxisten der Frankfurter Schule und die kritischen Rationalisten im Gefolge Karl Poppers miteinander im Streit lagen. Hans Albert charakterisierte als fundamentalistisch alle philosophischen Richtungen, die vom Fundament einer sicheren Erkenntnis ausgehen, das unbezweifelbar gewiß sein soll. Dazu gehören nach ihm so unterschiedliche Denkweisen wie das empirische Zählen, Messen oder Wiegen, die logischen Operationen, die marxistischen Grundannahmen oder die christliche Theologie. Dem stellt er in der Nachfolge Poppers den sogenannten Fallibilismus als einzig mögliche wissenschaftliche Erkenntnisform gegenüber, die auf absolute Größen verzichtet, keine Wahrheiten, sondern nur Falschheitserweise zuläßt und einen offenen unabschließbaren Prozeß des Erkennens verlangt. In diesem Konzept beschränkt sich das Fundamentalismusverbot zunächst auf den geistigen und wissenschaftlichen Bereich, aber mittelbar davon ist auch der persönliche Lebensstil betroffen, die Moral und die Gesellschaft. Deswegen erhob Karl Popper immer auch die Forderung nach einer offenen und undogmatischen Gesellschaft.

Inflation der Rede vom Fundamentalismus

Nach dieser ersten Nennung einiger heute bestehender Formationen des Fundamentalismus, die sich teils selbst zu diesem Namen bekennen, möchte ich im folgenden vor allem die Formen des religiösen Fundamentalismus näher beleuchten. Es bestehen für unser Thema drei Möglichkeiten. Entweder man bleibt bei der Beschreibung dessen stehen, was einem mehr oder weniger als fundamentalistisch erscheint. Dann wird die Rede vom Fundamentalismus inflationär. Oder man beschränkt sich darauf, fundamentalistisch zu nennen, was sich ausdrücklich dazu bekennt. Man verweist etwa auf den klassischen Fundamentalismus in den USA. Alles andere wäre in diesem Fall nicht Fundamentalismus. Oder – unser Fall – man achtet auf den Anlaß und auf die Entwicklung, die zur Ausbildung fundamentalistischer Bewegungen bis heute geführt haben, um sie mit Erscheinungen in anderen Ländern und Kirchen zu vergleichen. Das wird der aktuellen Erscheinung des Fundamentalismus am ehesten gerecht.

Thomas Meyer, einer der ersten in der BRD, der sich den Erscheinungen des Fundamentalismus zugewandt hat, beschreibt in bedenkenswerter Weise das allen Fundamentalismen Gemeinsame wie folgt: „Fundamentalismus ist der selbstverschuldete Ausgang aus den Zumutungen des Selberdenkens, der Eigenverantwortung, der Begründungspflicht, der Unsicherheit und der Offenheit aller Geltungsansprüche, Herrschaftslegitimationen und Lebensformen, denen Denken und Leben durch Aufklärung und Moderne unumkehrbar ausgesetzt sind, in die Sicherheit und Geschlossenheit selbsterkorener absoluter Fundamente. Vor ihnen soll dann wieder alles Fragen haltmachen, damit sie absoluten Halt geben können ... Wer sich nicht auf ihren Boden stellt, soll keine Rücksicht mehr verdienen für seine Argumente, Zweifel, Interessen und Rechte." (Fundamentalismus – Aufstand, S. 157)

II. Religiöser Fundamentalismus - einige grundsätzliche Überlegungen

Zu Anfang wurde eine Reihe schillernder Erscheinungen heutiger Fundamentalismen genannt, ohne den Versuch zu machen, sie einzuordnen. Nebeneinander standen religiöse, politische, gesellschaftliche, wissenschaftliche u.a. Fundamentalismen. Was ist religiöser Fundamentalismus? Oft vermischen sich die Fundamentalismen. Es ist wahr, daß sich politischer Fundamentalismus oft religiös gibt, ohne es wirklich zu sein. Es ist auch richtig, daß religiöser Fundamentalismus oft nach Macht und Einfluß in Politik und Staat strebt. Was ist dabei aber wirklich religiös und was kommt aus anderen Quellen?

Was ist Fundamentalismus überhaupt? In historischer Betrachtung stammt der Begriff aus einer religiösen Bewegung der USA des 19. Jahrhunderts. Ist also aller Fundamentalismus im Kern religiös? Sicher nicht. Was ist dann religiöser Fundamentalismus wirklich? Es wäre auch zu kurz gegriffen zu sagen, Fundamentalismus sei alles, was sich selbst fundamentalistisch nennt: die Fundamentalisten in den USA, einige Freikirchen in Europa, Fundamentalisten im Islam ... Nicht alle, die sich so nennen, sind fundamentalistisch im Sinne dessen, was wir unter religiösem Fundamentalismus betrachten wollen. „Fundamentalismus" bezeichnet etwa im Islam zunächst eine bestimmte Fachrichtung der Islamwissenschaft (usuliyun). Die islamischen Theologen beschäftigen sich dabei mit den Urquellen und Fundamenten (usul) ihrer Religion, dem Koran und der Sunna. Diese Theologen können durchaus offen sein für andere Religionen und Kulturen. Sie sind in keiner Weise zu verwechseln mit den radikal islamisch politischen Gruppen oder Parteien, die sich ebenfalls Fundamentalisten nennen und die uns vor allem durch ihre Gewalttaten bekannt sind. Und schließlich werden viele, für die unsere Kennzeichnung fundamentalistisch am ehesten zutrifft, es nicht gerne hören, fundamentalistisch genannt zu werden.

Oder sind vielleicht alle Religionen im Grunde fundamentalistisch? Das wäre wohl das schwerste Mißverständnis, das uns begegnen könnte. Es ist ganz deutlich zu sagen, daß weder der Islam als solcher noch das Judentum oder Christentum insgesamt fundamentalistisch sind. Was hier zur Sprache kommt, ist nur ein Bereich, nur eine Randzone dessen, was die Religionen tatsächlich verwirklichen. Es ist zu betonen, daß, was wir hier beschreiben, die dunklen, nicht die hellen Seiten von Religion sind. Die Leistungen, der Wert und Sinn von Religion und der einzelnen Religionen können hier nicht dargelegt werden. Das alles wird vorausgesetzt.

In diesem Buch soll nicht über Fundamentalismus im allgemeinen gehandelt und damit die inflationäre Rede darüber noch verstärkt werden, sondern es ist unsere Absicht, den religiösen Fundamentalismus unter die Lupe zu nehmen. Dazu sind die Gründe, die Anlässe und Quellen zu sichten, die verstehen lassen, warum gerade die Religionen – alle Religionen und nicht nur eine spezielle – dazu neigen, bei einer Zahl ihrer Mitglieder Tendenzen des Fundamentalismus zu wecken.

Um den religiösen Fundamentalismus einzugrenzen und anfänglich zu begreifen, mag es hilfreich sein, zwei Wege der Beschreibung zu wählen, nämlich einen historischen und einen systematischen. Damit die Rede vom religiösen Fundamentalismus nicht theoretisch bleibt, bietet es sich an, zunächst jenen klassischen Fall von Fundamentalismus zu betrachten, der historisch vorliegt, deren Vertreter sich selbst Fundamentalisten nennen und der den nachkommenden Erscheinungen den Namen gegeben hat: die Fundamentalisten in den USA des 19. und 20. Jahrhunderts. Danach kann systematisch gefragt werden, ob diese konkrete Erscheinung von Fundamentalismus eine Zufallserscheinung einer bestimmten Religion oder – hier noch enger – einer konkreten christlichen Gemeinschaft ist oder ob in ihr eine Gefahr und Tendenz von Religion und von Religionen überhaupt zum Vorschein kommt.

1. Was ist religiöser Fundamentalismus?

Das *Historische Wörterbuch der Philosophie* führt in dem Artikel „Fundamentalismus“ aus:

„Fundamentalismus heißt zunächst die amerikanische Variante eines in der Theologie des 19. und 20. Jahrhunderts verschiedentlich zutage tretenden antimodernistischen Affektes. Der als Verfallserscheinung interpretierten Säkularisierung, für die Darwinismus und naturwissenschaftliches Denken verantwortlich gemacht werden, wird in der fundamentalistischen Bewegung das Prinzip der verbalinspirierten Heiligen Schrift entgegengestellt.

Die divergierenden Richtungen und Gruppierungen des Fundamentalismus suchen sich über Bibelkonferenzen eine gemeinsame Basis zu schaffen in der Absicht, ‚einen unablässigen Krieg gegen jede Form des Modernismus zu führen‘. Im Kampf um ‚Rechtgläubigkeit‘ kommt es jedoch zu Ketzerprozessen und Kirchenspaltungen...

In Anlehnung an diesen Begriff amerikanischer Kirchengeschichte bezeichnet man im Blick auf theologische Erörterungen in Deutschland und Skandinavien mit Fundamentalismus eine unreflektierte Verhärtung gegen die kritisch-historische Exegese und die Tendenz, die Dogmatik gemäß solcher Frontstellung anzulegen.“ (Bd. 2, S. 1133)

Halten wir gleich einige Momente des religiösen Fundamentalismus fest:

- Fundamentalismus ist zunächst eine religiöse Bewegung im Amerika des 19. und 20. Jahrhunderts;
- die Bewegung hat sich auf einige religiöse „fundamentals“, d.i. Fundamente oder fundamentale Tatsachen, geeinigt; diese Einigung gab der Bewegung den Namen;
- der Name Fundamentalismus stammt von der Bewegung selbst, nämlich von C. L. Laws aus dem Jahr 1920;
- die gemeinsame Stoßrichtung geht gegen den sogenannten Modernismus wie Säkularisierung der Gesellschaft und Darwinismus der Naturwissenschaften;

- gegen den Modernismus werden Bibel und Dogmatik – zumeist unreflektiert – ins Feld geführt;
- die Bewegung sucht in Kongressen ihr Gemeinschaftsbewußtsein; 1919 schließen sie sich in der „World's Christian Fundamentals Association" zusammen;
- die Bewegung nimmt die Kirchenspaltung auf sich und spaltet sich bald in verschiedenste Gruppen.

2. Die Fundamente des religiösen Fundamentalismus

Die amerikanischen Fundamentalisten haben sich auf einige „fundamentals", also fundamentale Tatsachen ihrer religiösen Überzeugungen, geeinigt. Was sind aber fundamentale Tatsachen von Religion? Dazu ist zuerst eine kurze Vergewisserung notwendig, was Religion denn sei.

Zu diesem Zweck sei eine von vielen Beschreibungen von Religion angeführt, dazu mit Absicht keine religiöse oder theologische, sondern die religionssoziologische von Y. M. Yinger: „Religion ... kann definiert werden als ein System von Überzeugungen und Praktiken, durch welche eine Gruppe von Menschen mit den letzten Problemen des menschlichen Lebens ringt. Sie drückt ihre Weigerung aus, vor dem Tod zu kapitulieren, aufzugeben angesichts der Enttäuschung, der Feindseligkeit zu gestatten, menschliche Gemeinschaft zu zerstören. Die Qualität der religiösen Existenz ... beinhaltet zwei Dinge: Erstens: einen Glauben, daß das Übel, der Schmerz, die Verwirrung und das Unrecht fundamentale Tatsachen des Lebens sind; und zweitens: ein System von Praktiken und damit verbundenen geheiligten Überzeugungen, die die Überzeugung ausdrücken, daß der Mensch letztlich von diesen Tatsachen erlöst werden kann." (The Scientific Study of Religion 1970, S. 7)

Diese religionssoziologische Beschreibung betrachtet Religion bewußt von außen. Sie beobachtet Menschen, die sich aus gemeinsamen Überzeugungen zu einem bestimmten Ziel zusammenschließen. Diese Menschen ringen um die letzten Probleme des menschlichen Lebens. Die Definition gibt das

Thema ihres Zusammenschlusses sozusagen negativ an: Die Menschen sind vom Bösen, von der Unordnung in der Welt und schließlich vom Tod überzeugt; zugleich sind sie der Überzeugung, daß sie durch ihr religiöses Leben davon erlöst werden können. Das gleiche kann man auch positiv zum Ausdruck bringen: Religion ist Antwort auf diese Frage nach Lebenssinn, ist Sinnantwort; Religionen sind Systeme von gelebten Sinnantworten.

Die Definition weist sodann auf ein zweites Wichtiges hin: Religion ist ein System von Überzeugungen und Praktiken. Zu ihr gehört also ein Glauben oder Wissen und zugleich eine Lebenspraxis, die diesen Glauben mit den Mitteln bestimmter religiöser Praktiken ausübt. Schließlich sollte ein drittes Moment nicht übersehen werden: Solcher Glaube und solche Praxis führen eine Gruppe von Menschen zusammen und verbinden sie zu einer religiösen Gemeinschaft oder Kirche, wie wir sie in großem Maßstab dann in den Religionen vor uns haben.

Die religionssoziologische Definition kann leicht in eine theologische Beschreibung von Religion übersetzt werden: Der Garant des Lebenssinnes ist dann im allgemeinen Gott oder die Götter oder andere heilige bzw. transzendente Mächte. Natürlich hat es für das Verständnis der religiösen Sinnantwort besondere Bedeutung, ob wir es mit einem monotheistischen oder polytheistischen Gottesbild o.a. zu tun haben.

Das Wissen oder der Glaube stammt – theologisch gesprochen – nicht von den religiösen Menschen selbst. Die meisten Religionen berufen sich deshalb auf eine irgendwie beschaffene Kundgabe oder Offenbarung Gottes oder der Götter selbst. Es geht den religiösen Menschen also nicht um irgendeinen Glauben, sondern um den rechten Glauben, der von dem von ihnen verehrten Gott oder den Göttern autorisiert ist. In diesem Zusammenhang spricht man von der „Orthodoxie" der jeweiligen Religion. Orthodoxie meint dabei nicht die landläufige konfessionelle Bezeichnung einer religiösen Gruppe innerhalb einer Religion, sondern die Rechtgläubigkeit der Anhänger in Sachen religiösen Glaubens und Wissens.

Auch die religiöse Lebenspraxis ist keine beliebige, sondern sie besteht meist in einer langen und geheiligten Tradition. Bisweilen ist die religiöse Praxis selbst fundamentaler Bestandteil der Offenbarung, bisweilen hat eine jahrhundertealte Tradition diese als authentisch und mit den religiösen Überzeugungen übereinstimmend bestätigt und damit geheiligt. Wie die Orthodoxie das rechte Wissen oder den rechten Glauben der Religion garantiert, so die „Orthopraxie" das rechte und autorisierte Handeln in der religiösen Gemeinschaft.

Fassen wir die Fundamente und Grundlagen von Religion und Religionen noch einmal zusammen, die für unseren Begriff von Religion in Frage kommen:

– Religionen sind Sinnsysteme
– Gottesbilder der Religionen
– Religionen als Offenbarungssysteme
– schriftliche Überlieferung der Offenbarung (Bibel, Koran)
– mündliche Überlieferung der Offenbarung (Tradition)
– Orthodoxie der Religionen als rechter Glaube
– Orthopraxie der Religionen als rechte Lebenspraxis

Im folgenden werden wir uns an diesen fundamentalen Grundlagen von Religion bzw. der zu besprechenden Religionen und Kirchen orientieren. In ihnen scheinen die wesentlichen Fundamente von Religion angesprochen und verwahrt zu sein. Wir werden sehen, daß der religiöse Fundamentalismus im wesentlichen ein Kampf um diese fundamentalen Grundlagen ist. Es mag sein, daß sich religiöse Gemeinschaften wie die Fundamentalisten Amerikas die Fundamentals selbst vorgeben – dann ist zu überprüfen, wieweit sie die Fundamente von Religion tatsächlich berühren –, oder es ist auf die unausgesprochenen Fundamente und den Kampf um sie in den Religionen hinzuweisen, um ihre fundamentalistischen Tendenzen und Gefahren von Grund auf zu verstehen.

Dies aufzuzeigen bedeutet zugleich, den religiösen Fundamentalismus gegen andere fundamentalistische Erscheinungen in Gesellschaft, Wissenschaft oder Politik abzugrenzen. Oft ist es so, daß wir auch die fundamentalistischen Erscheinungen einzelner Religionen historisch, psychologisch, politisch, kulturell oder wie auch immer interpretieren. In Wirklichkeit spielt sich aber meist ein bedeutsamerer und tiefer liegender Konflikt ab, der die tatsächlichen Fundamente der jeweiligen Religion betrifft.

3. Tendenzen des Fundamentalismus in den Religionen

Aus den bisherigen Überlegungen zur Religion lassen sich bereits einige grundsätzliche Tendenzen und Gefahren von Fundamentalismen ablesen, die mit Religion und in den Religionen im einzelnen gegeben sind. In der Tat sind einige Grundtendenzen mit der Erscheinung von Religion überhaupt, andere mit der Auslegung und Ausgestaltung der Fundamente von Religion in den unterschiedlichen Religionen verbunden.

Gefahren und Tendenzen des Fundamentalismus begleiten das Wesen von Religion überhaupt:

Religion als Fluchtburg

Wir haben gesehen, daß Religion Antwort auf das Verlangen nach Lebenssinn sein will. Religionen sind Systeme gelebter Sinnantworten. Antworten auf Lebenssinn verstehen sich endgültig, sie sind definitiv. Wer die Frage nach Sinn für sich beantwortet hat, der ist überzeugt, daß die Antwort gilt, für ihn endgültig ist. Die Mitglieder von Religionsgemeinschaften sind überzeugt, daß ihre Religion die gültige Sinnantwort auf die Fragen ihres Lebens ist.

Der Religiöse oder das Mitglied einer Religionsgemeinschaft lebt aber in der Regel zugleich in einer Welt von Andersgesinnten. Es sind offenbar verschiedene – religiöse oder ideologische oder andere – Sinnantworten in dieser Welt möglich. Wie wird er sich zu diesen anderslautenden Daseinsentwürfen verhalten? Tolerant oder nicht? Der Gläubige ist immer in Gefahr, die Antwort, von der er überzeugt ist und die er für definitiv hält, nicht nur für sich zu beanspruchen, sondern ihre Geltung auch Andersgläubigen zuzumuten. Religion ist in Gefahr, ihre Antwort zu verabsolutieren.

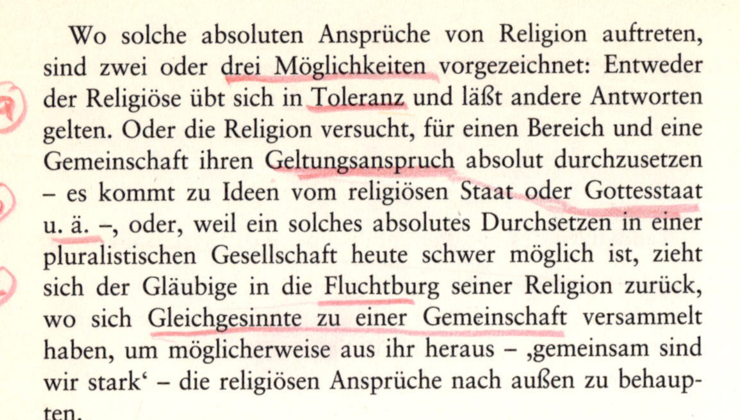

Wo solche absoluten Ansprüche von Religion auftreten, sind zwei oder drei Möglichkeiten vorgezeichnet: Entweder der Religiöse übt sich in Toleranz und läßt andere Antworten gelten. Oder die Religion versucht, für einen Bereich und eine Gemeinschaft ihren Geltungsanspruch absolut durchzusetzen – es kommt zu Ideen vom religiösen Staat oder Gottesstaat u. ä. –, oder, weil ein solches absolutes Durchsetzen in einer pluralistischen Gesellschaft heute schwer möglich ist, zieht sich der Gläubige in die Fluchtburg seiner Religion zurück, wo sich Gleichgesinnte zu einer Gemeinschaft versammelt haben, um möglicherweise aus ihr heraus – ‚gemeinsam sind wir stark' – die religiösen Ansprüche nach außen zu behaupten.

Religion als Protest

Pluralismus ist eine der großen Gefahren von Religion. Pluralismus meint eine Vielgestalt von Sinnantworten und Lebensgestalten in einem Bereich oder Staat nebeneinander und zugleich. Pluralismus ist immer auch Anfrage an die herrschende Religion. Pluralismus ist aber eines der Kennzeichen der modernen – westlichen – Welt, d.i. der Neuzeit. Es erstaunt deshalb nicht, daß die fundamentalistischen religiösen Auseinandersetzungen, die wir derzeit kennen, eine Stoßrichtung vor allem gegen den Westen und seine Zivilisation haben. Religiöser Fundamentalismus kann damit auch als Protest gegen die westliche moderne Welt verstanden werden.

Religion als Reaktion

Religiöser Fundamentalismus ist also oft eine tiefgehende Protesthaltung gegen alle Errungenschaften der modernen Welt. Diese moderne Welt ist säkular, d.h. pluralistisch, demokratisch, wissenschaftlich und technisch organisiert usw. Die Fundamentalisten stellen dagegen eine alternative Welt. Sie sammeln sich, um eine andere Lebensform zu leben. Sie ziehen sich in ihre Festungen vermeintlich sicherer Gewißheiten und fester Lebenspraxis zurück. Sie bauen sich eine Welt nach ihren eigenen – fundamentalistischen – Vorstellungen.

Religion als Sendungsbewußtsein und Macht

Da die religiösen Fundamentalisten überzeugt sind, daß sie die besseren Antworten auf die Fragen der Welt und die – vor Gott und den Menschen – bessere moralische Lebenspraxis haben, sind sie oft der Meinung, diese missionarisch oder manchmal auch militant ihrer säkularen Umwelt mitteilen oder gar aufdrängen zu müssen. Dies kann in der heutigen westlichen Welt im allgemeinen nur durch politische und gesellschaftliche Mittel der Macht geschehen. Deshalb ist es verständlich, daß fundamentalistisch religiöse Gruppen Einfluß auf die Politik und die gesellschaftlichen Kräfte nehmen wollen. Dort wo Religion und Macht bzw. Staat nicht getrennt sind, ist die religiös verankerte Macht bzw. der Staat oft in der Versuchung, die Forderungen der Religion und seine Religionsgesetze für alle Untergebenen durchzusetzen.

Die bisher benannten fundamentalistischen Gefahren und Tendenzen gelten für alle Religionen – in unterschiedlicher Weise – gleichermaßen: Alle fundamentalistischen Tendenzen in den Religionen heute sind weitgehend Protestbewegungen. Sie protestieren gegen die moderne – und vor allem westliche – Zeit und Lebenswelt. Sie setzen dagegen absolute religiöse Geltungsansprüche. Sie sind überzeugt, daß die Religion das Allheilmittel gegen alle Laster und Fehler dieser Welt ist.

Andere Tendenzen und Gefahren des religiösen Fundamentalismus sind vor allem mit den Grundlagen und Fundamenten von Religion überhaupt gegeben. Wir haben gesehen, daß zum Wesen von Religion eine Reihe unverzichtbarer Fundamente gehören: die religiösen Quellen wie Schrift und Tradition, Orthodoxie und Orthopraxie u.a. Diese werden von den einzelnen Religionen nun aber durchaus unterschiedlich ausgelegt. Zwar kann auch hier gesagt werden, daß alle Religionen in der Gefahr stehen, alle diese Fundamente fundamentalistisch zu verkehren, aber sie tun es sehr unterschiedlich, je nachdem, wie sie diese Fundamente für sich ausgestalten: Die christlichen Kirchen setzen z. B. einen unverwechselbaren Schwerpunkt auf die Orthodoxie, wobei die protestantischen Kirchen dabei vor allem die Schrift, die katholische Kirche dagegen vor allem Tradition und Lehramt hervorheben; das Judentum dagegen hat weniger Schwierigkeiten mit der Orthodoxie, dagegen hat im Judentum die Orthopraxie ein größeres Gewicht. Dies ist auch der Grund, warum man mit dem Etikett fundamentalistisch nicht global umgehen, sondern unter den Religionen noch einmal genau hinsehen sollte, wo die eigentlich allergischen Punkte sind.

Nennen wir deshalb wiederum einige speziell religiöse Gefahren und Tendenzen zum Fundamentalismus in den Religionen, die mit ihren Grundlagen gegeben, aber auf sehr unterschiedliche Weise wirksam sind:

Fundamentalistisches Schriftverständnis

Ohne Zweifel sind die Quellen einer Religion ihr kostbarstes Gut. Die Quellen der Religion sind im allgemeinen in der sogenannten (göttlichen) Offenbarung niedergelegt. Zwei Offenbarungsquellen sind in den meisten Religionen üblich: eine schriftliche und eine mündliche. Die schriftliche Offenbarung liegt in einer Heiligen Schrift, wie der *Bibel* oder dem *Koran*, vor. Es ist klar, daß dieser heilige Text jeweils besonders geschützt ist.

Welche Art des Schutzes der heilige Text genießt, hängt von seinem Charakter ab. Der Koran etwa ist direkter Offenbarungstext, d.h. jedes Wort und jedes Komma sind unmittelbar von Allah selbst geoffenbart und deshalb in jeder Einzelheit geschützt. Man nennt diese Weise der Eingebung unmittelbarer Offenbarungen durch Gott Verbalinspiration, d.h. wortwörtliche und buchstäbliche Offenbarungskundgabe. Ein solches Verständnis der Inspiration (Eingebung des Textes der Offenbarung durch Gott) ist offenkundig einer besonderen fundamentalistischen Gefahr ausgesetzt. Wo ein solches Schriftverständnis absolut behauptet und durchgesetzt wird, geraten die Theologen und die Gläubigen in die Schwierigkeit, zum Ausdruck zu bringen, wie das Gotteswort im Menschenwort ergangen ist, d.h. etwa die Tatsache, daß auch Muhammed ein Mensch war, den Koran empfing und niederschrieb – möglicherweise mit Fehlern.

Ein solches Schriftverständnis ist in der heutigen christlichen Theologie nicht mehr üblich. Das heißt aber nicht, daß die christliche Theologie früherer Jahrhunderte nicht ein dem sehr nahekommendes Verständnis gehabt hätte. Es bleibt auch heute eine Gefahr im Christentum – eben das fundamentalistische Schriftverständnis, die Bibel wortwörtlich zu verstehen, also buchstäblich von Gott selbst eingegeben. In der christlichen wie übrigens auch weitgehend in der jüdischen Theologie trägt man der Tatsache Rechnung, daß Gottes Wort fundamental im Menschenwort ergangen ist, d.h. daß die meisten Bücher der Schrift keine unmittelbaren Äußerungen Gottes darstellen, sondern menschlich und geschichtlich gewordene Texte sind, d. h. sie sind in einer meist langen Geschichte von verschiedenen Redakteuren verfaßt worden. Ein geschichtlicher Text, also auch die Bibel, bedarf deshalb der sorgfältigen Auslegung, um in ihr das eigentliche Wort Gottes zum Sprechen zu bringen. Dies geschieht in der christlichen Theologie durch die Bibelwissenschaften.

Traditionalismus und Dogmatismus

Die Bibel, die schriftliche Offenbarung, bedarf also selbst noch einmal der Auslegung. Man kann sagen, die Bibel ist selbst schon Überlieferung oder Tradition. Letztlich ist es sodann jeweils meist eine lange Tradition gewesen, die die heiligen Bücher über viele Jahrhunderte ausgelegt hat. Das Judentum ist dafür das typische Beispiel. Neben der schriftlichen Überlieferung kennt das Judentum die mündliche Überlieferung, den *Talmud*, der ebenbürtig neben der hebräischen Bibel steht. Im Talmud sind die Überlieferungen des jüdischen Glaubens durch die Jahrhunderte hindurch gesammelt; sie ergänzen und erläutern das, was in der Bibel nicht ausdrücklich gesagt und für den Glauben durch die Zeiten hindurch doch wichtig ist.

Die christlichen Kirchen unterscheiden sich nicht zuletzt durch die verschiedene Akzentsetzung von Schrift und Tradition. Während das reformatorische Erbe mit der Betonung der Schrift die protestantischen Kirchen bis heute bestimmt, legt die katholische Kirche ein größeres Schwergewicht auf die Tradition. Die Tradition selbst wiederum sieht die katholische Kirche vor allem in der Instanz des Lehramtes gewahrt. Fundamentalistisch können diese Positionen dann sein, wenn sie – wie exemplarisch in protestantischen Gruppen – ein fundamentalistisches Schriftverständnis pflegen oder wenn sie – wie in rechten katholischen Gruppen – die Tradition bzw. das Lehramt über die Schrift stellen.

Fundamentalistische Moral

Die fundamentalistischen Tendenzen hinsichtlich des Schrift- und Traditionsverständnisses gehören nach unseren Überlegungen in die Ordnung der Orthodoxie der Religionen. Das Judentum scheint vor solchen Gefahren eher gefeit zu sein. Das Judentum legt mehr Wert auf die Orthopraxie des Glaubens, also auf die religiöse Lebenspraxis bis hin zur skrupulösen Beobachtung der Religionsgesetze. Auch hier lauern fundamentalistische Tendenzen, wenn die Religionsgesetze rigoros behauptet werden und alles nach ihrem Maßstab geregelt werden soll. Letztlich führt eine solche Einstellung bisweilen zu Forderungen nach dem religiösen Staat oder einem Gottesstaat, zur Theokratie.

Selbstverständlich gilt das nicht nur für das Judentum und auf ähnliche Weise für den Islam. Jede Religion äußert sich in einer ihr entsprechenden Lebensform und -praxis. Wenn im Christentum auch die Orthodoxie eine besondere Rolle spielt, so ist die Orthopraxie keine Nebensache, sondern das unverwechselbare Erscheinungsbild des gelebten Glaubens. Zwar ist im Christentum die Gefahr theokratischer Ansprüche kaum gegeben, aber die Gefahr des rigorosen Moralismus ist dafür nicht geringer.

Am Schluß dieser Überlegungen zum Begriff der Religion und zu den Religionen muß ein deutliches Wort gesagt werden: Fundamentalistisch ist keineswegs der Ernst, mit dem sich die Religionen um ihre Fundamente bemühen. Im Gegenteil verwirklichen die Gläubigen erst dann das Wesen ihrer Religion, wenn sie deren Grundlagen ganz ernst nehmen.

Oder mit anderen Worten: Fundamentalistisch zu nennen ist keineswegs ein Gläubiger, der sich mit allen Kräften auf die Bibel konzentriert, auch nicht derjenige, welcher sich von der Tradition leiten läßt, auch nicht derjenige, welcher das Lehramt für eine wichtige Instanz und das Papst- bzw. Petrusamt für einen unverzichtbaren Dienst an der Christenheit hält – als fundamentalistisch zu bezeichnen ist nur derjenige, welcher ausschließlich auf das eine setzt: die Schrift „allein" – nicht reformatorisch, sondern fundamentalistisch buchstäblich –, der unbelehrbare Traditionalist, oder derjenige, der aus der katholischen Kirche eine Papstkirche machen will.

Und noch einmal: das Wesen einer Religion funktioniert nur dann gut, wenn alle die genannten Grundlagen ebenbürtig zusammenspielen. Eine Religion könnte man mit einem Orchester vergleichen, wo viele Mitwirkende gleichrangig zu einer Symphonie beitragen. Fundamentalisten, so könnte man diesen Vergleich fortführen, versuchen die erste Geige zu spielen, ohne Rücksicht auf die anderen Instrumente zu nehmen.

III. Der klassische religiöse Fundamentalismus in den USA

Die amerikanischen Fundamentalisten sind weit weg von uns. Einen kleinen Eindruck von ihrer Tätigkeit konnte man sich vor einigen Jahren auch in der BRD verschaffen. Der bekannte Baptistenprediger Billy Graham veranstaltete vom 12. bis 21. März 1993 in Essen eine Großevangelisation unter dem Thema „Pro Christ 93". Fünf Tage predigte er in der Gruga-Halle, wo 42 000 Besucher gezählt wurden. Der Satellit Kopernikus übertrug die Veranstaltung in 1400 Orte und 56 Länder der Welt. Allein in Deutschland waren über 250 Orte direkt mit ihm verbunden. Die Vorträge wurden meist in Säle übertragen, wo eine Großleinwand aufgespannt war. Es waren aber auch örtliche Helfer im Einsatz, die Kontakte mit jenen herstellten, die der Aufforderung des Predigers folgten, sich Jesus Christus zu öffnen. Insgesamt dürften etwa 10 Millionen Menschen das Medienereignis verfolgt haben. Der inzwischen 76jährige Billy Graham ist zwar kein ausgesprochener Fundamentalist. Er hat sich von den harten amerikanischen Fundamentalisten getrennt. Er führt heute die Gruppe der sogenannten „Neu-Evangelikalen" an. Doch die Art und Weise der Großveranstaltung gab etwas von jener Atmosphäre wieder, die für den amerikanischen Fundamentalismus typisch ist. Außerdem war Billy Graham einer der ersten, der die sogenannte „Elektronische Kirche" für die Zwecke der Kirche entdeckt und eingesetzt hat. Der Stil dieser Form der Verkündigung stammt aus den Erweckungsbewegungen des letzten Jahrhunderts. Früher standen die Großkirchen Europas solchen mit viel äußerem Aufwand betriebenen Veranstaltungen sehr zurückhaltend gegenüber. Heute ist man auch dort viel offener geworden. Billy Graham wurde dieses Mal auch von vielen evangelischen Landeskirchen unterstützt.

1. Fundamentalismus in Amerika

Verfolgen wir zunächst die Entwicklung des Fundamentalismus in der amerikanischen Version. Er kann zu Recht die klassische Form des Fundamentalismus genannt werden. Denn die systematischen Überlegungen zum religiösen Fundamentalismus bisher werden durch den amerikanischen Fundamentalismus anschaulich. Die amerikanischen Fundamentalisten haben sich ausdrücklich eine gemeinsame Plattform mit religiösen „fundamentals“ gegeben. Ein Blick auf die historische Entwicklung zeigt sehr plastisch, wie die anfänglich religiöse Bewegung nach und nach signifikant alle Tendenzen und Gefahren aus sich hervorbrachte, die wir für den religiösen Fundamentalismus namhaft gemacht haben. Zum amerikanischen Fundamentalismus gehört die Tendenz, sich über den innerkirchlich evangelikalen Bereich hinaus zu einer Bewegung konservativ politischer Überzeugungen zu entwikkeln, die schließlich versucht, ihren Willen organisiert und politisch-institutionell durchzusetzen.

Voraussetzung der Entstehung des Fundamentalismus in Amerika war die evangelikale Bewegung des 19. Jahrhunderts. Zu dieser zählten nicht nur einzelne Kirchen, sondern aus ihr sind auch wichtige Bewegungen wie die „Christliche Studentenbewegung“ oder die CVJM erwachsen. Der Bewegung ging es vor allem um die Rettung der Seelen durch Evangelisation und Erweckung. Zunächst zeichnete ein Fortschrittsoptimismus die Evangelikalen aus; man erwartete, daß bald das tausendjährige Reich der Apokalypse in Amerika hereinbrechen werde. Dann aber machten sie eine Kehrtwendung gegen die neue Zeit und schrieben den Kampf gegen die Moderne auf ihre Fahnen.

2. „The Five Points of Fundamentalism“

Noch heute einigt die fundamentalistische Bewegung in den USA das Bekenntnis zu einigen fundamentalen Prinzipien ihres Glaubens. Es sind die „fundamentals“. Es sind theologische Prinzipien, wodurch sie sich von der ihres Erachtens modernistischen, kritischen und liberalen Theologie der modernen Zeit absetzt. Sie lauten:

- absolute Irrtumslosigkeit der Schrift
- Jungfrauengeburt
- stellvertretendes Sühneopfer
- leibliche Auferstehung
- Wiederkunft Christi zur Errichtung seines tausendjährigen Reiches vor dem jüngsten Gericht

Dabei sind nicht alle einzelnen Punkte gleich wichtig. Aber ein kurzer Blick auf sie stellt ihre bleibend aktuelle Explosivkraft fest. Im wesentlichen wendet sich der Fundamentalismus aber:

- gegen die Relativierung der Autorität der Bibel aufgrund der historisch kritischen Forschung; gegen die Reduzierung Jesu Christi auf eine rein menschliche Ebene;
- gegen die Infragestellung der Entstehung des Menschen durch Gottes besonderen Schöpfungsakt von Seiten der Darwinisten;
- andererseits ist der Fundamentalismus bemüht, Seelen zu retten durch die Ankündigung der nahe bevorstehenden Wiederkunft Jesu Christi zur Errichtung seiner Herrschaft auf Erden.

Zu einer extrem nationalistisch-konservativen Bewegung wurde der Fundamentalismus während des 1. Weltkrieges. In dieser Zeit bildete sich das Gemisch aus moralischen, politischen und religiösen Überzeugungen heraus, wie sie die Bewegung heute noch beherrschen.

Antimodern = gegen die Wissenschaft

Die Auseinandersetzung um den Fundamentalismus fand in den 20er Jahren im sogenannten „Affenprozeß" von Dayton (Tennessee) einen gewissen Höhepunkt. Der Biologielehrer John T. Scopes prangerte den biblischen Buchstabenglauben und den Antidarwinismus des Fundamentalismus öffentlich an. Es kam zum Prozeß, der die Öffentlichkeit wie kein anderes Ereignis jener Jahre beschäftigte. Der Anwalt rang dem

Politiker und ehemaliger Außenminister William Jenning Bryan, der die Fundamentalisten vertrat, das Eingeständnis ab, es sei kaum denkbar, daß Gott die Welt in buchstäblich 6 Tagen à 24 Stunden erschaffen habe. Damit war eine wichtige Bastion des Fundamentalismus erschüttert; er galt als rückständig und hatte seither einen negativen Beigeschmack. Die Folge davon aber war, daß in einigen Staaten der USA Gesetze erlassen wurden, die die Behandlung der Evolutionslehre in der Schule verboten. Diese Auseinandersetzung verdeutlicht nur die neue Phase, in die der Fundamentalismus in dieser Zeit eingetreten war. Es war die Phase, in der der Fundamentalismus aus dem innerreligiösen Raum heraustrat. Jetzt ging es vor allem um den Einfluß auf gesellschaftliche und staatliche Institutionen.

Die Elektronische Kirche macht's möglich

Die weitere Entwicklung kann im einzelnen nicht weiterverfolgt werden. Es wäre von dem vorübergehenden Niedergang des Fundamentalismus zu sprechen, so daß man sein baldiges Ende prognostizierte. Das Gegenteil trat seit Ende der 60er Jahre ein. Die Bewegung lebte zunächst in den 50er Jahren wieder auf, als der Prediger Billy Graham durch die Medien weltweit bekannt wurde. Die Allianz des antimodernistischen Fundamentalismus mit den modernen Medien ist ein besonderes Phänomen, das zu beachten ist und die Bewegung von Anfang an prägte. Der Fundamentalismus wurde vor allem dadurch bekannt, daß zwischen 1910 und 1915 mit Mitteln finanzkräftiger Geldgeber eine Zeitschrift mit dem Namen „The Fundamentals: A Testimony to the Truth" in einer großen Auflage erschien und kostenlos an Pastoren, Professoren und kirchliche Mitarbeiter verteilt wurde.

Nach einem gewissen gesellschaftlichen und politischen Niedergang kommt es seit den 70er Jahren zu einer unerwarteten Renaissance des Fundamentalismus in Amerika. Dies hängt zum einen mit dem Aufkommen der sogenannten „Elektronischen Kirche" in Amerika zusammen. Der Fundamentalismus nutzte mit Geld und Cleverness alle Chancen vor allem des Fernsehens. Seither benutzen fundamentalistische Evangelisten mehr und mehr Rundfunk und Fernsehen. Die bekanntesten sind wohl der Prediger Jerry Falwell, Sprecher der „Moral Majority", Pat Robertson, der Betreiber von „Christian Broadcasting Networks" und selbsternannter Präsidentschaftskandidat von 1988, oder Jim Bakker von der Station „Praise The Lord", der inzwischen wegen diverser Vergehen zurücktreten mußte und von Jim Swaggart abgelöst wurde. Es wäre auch zu erinnern an publikumswirksame Presseerscheinungen wie die im Stil von Comics aufgemachten Heftchen der „Crusader"-Serie, die viel gelesen werden und weit verbreitet sind. Sie greifen immer noch die „Irrlehren" der Liberalen an, verkünden die bevorstehende apokalyptische Wiederkunft Christi und vertreten zumeist äußerst konservative politische Auffassungen.

Auf dem Trittbrett der Politik

Ein weiterer Aufschwung des Fundamentalismus geht zugleich mit seiner Allianz mit der Politik in Amerika einher. Jerry Falwell plädiert seit 1984 für eine offene Allianz zwischen Fundamentalisten und republikanischen Neokonservativen. Diese Richtung erkennt im Land Amerika eine besondere Sendung durch Gott für die Welt wieder. Eine Stimme dazu aus dem Rundbrief von „Christian Voice", einer Organisation der „Neuen Rechten": „Amerika als Nation und als Volk hat in seiner kurzen Geschichte als die mächtigste – und vielleicht letzte – große Heimat des Glaubens dagestanden. Es ist als ‚Christliche Nation' unter den Völkern der Welt bekannt. Daraus folgt natürlich, daß Amerika und seine Menschen das besondere Angriffsziel Satans sind, wenn er versucht, den Planeten und jeden, der auf ihm lebt, zu verschlingen."

Einen besonderen Akzent setzte die Reagan-Administration. Sie ging offensichtlich eine neue Allianz zwischen Politik, fundamentalistischer Bewegung und deren Sprechern in den Medien ein. Als Ronald Reagan 1980 für viele überraschend zum Präsident der USA gewählt wurde, machten die Wahlanalytiker die Mobilisierung des rechtskonservativen protestantischen Lagers durch fundamentalistische Geistliche und Fernsehprediger dafür verantwortlich. Hinter ihnen standen vor allem die religiös-politischen Bewegungen von „Moral Majority“ und die neu gebildete „New Right“. Vor allem diese Feststellung brachte den Fundamentalismus, den es nach früheren Prognosen eigentlich hätte gar nicht mehr geben dürfen, ins politische Rampenlicht der Weltöffentlichkeit. Im selben Maße stieg seine politische Bedeutung, die im heutigen Amerika nicht unterschätzt werden darf.

Der Fundamentalismus wurde politisch. Reagans Politik wurde von den Fundamentalisten teilweise lebhaft begrüßt. Eine Stimme dazu aus einem weitverbreiteten Buch eines hochrangigen deutschen Fundamentalisten: „Reagan wußte von Anfang an, was er wollte, als er sich gegen die Deszendenztheorie, gegen die Abtreibung und für das Gebet in den Schulen einsetzte. Kein Geringerer als Gott hat seine waghalsige Politik gegen ein Mißlingen abgeschirmt“ (W. Gitt, Das Fundament, S. 165). R. Reagan machte sich die günstige Wahlstimmung zunutze und ging auf das Angebot ein. So äußerte er auf einer Wahlveranstaltung der „National Association of Evangelicals“: „Ich glaube, daß ER begonnen hat, unser gesegnetes Land zu heilen ... .“ Oder an anderer Stelle: „Amerika schien seine religiösen und moralischen Stärken zu verlieren – zu vergessen den Glauben und die Werte, die uns gut und groß gemacht haben. ... Aber der Allmächtige, der uns dieses große Land gab, gab uns auch freien Willen – die Macht, unter Gott unser Schicksal zu wählen. Die Amerikaner haben sich entschieden, einen langen Niedergang zu stoppen, und heute sieht unser Land eine Wiedergeburt von Freiheit und Glauben – eine große nationale Erneuerung.“

Religion total

Inzwischen hat sich die Phalanx fundamentalistisch-politischer Erneuerungsbewegungen beträchtlich erweitert: Jerry Falwell steht hinter „Moral Majority“ und „Liberty Federation“; Jim Swaggart und Pat Robertson koalieren mit Bewegungen wie „American Coalition for Traditional Values“,

„American Conservative Union", „Equal Rights Amendement", „Pro Family Movement", „Christian Voice" u. a. Ihr Themenkatalog umfaßt die Stichpunkte: Schutz der Familie und Kampf gegen Feminismus und Gleichberechtigung der Frau, Pornographie-Verbot, strafrechtliche Verfolgung der Homosexuellen, Durchsetzung der Todesstrafe, Brand- und Bombenanschläge gegen Abtreibungskliniken etc.

Fassen wir einige wichtige Themen und Schlagworte dieser amerikanischen Form des Fundamentalismus zusammen: Es sind ein religiös überhöhter Patriotismus, das Bekenntnis zum kapitalistischen Wirtschaftssystem und zum Privateigentum, moralischer Rigorismus und die grenzscharfe Unterscheidung zwischen Gut und Böse. Zu seinen Erzfeinden gehören dementsprechend: „Modernismus, säkularer Humanismus, Evolutionismus, Bibelkritik, Sozialismus und Kommunismus".

IV. Fundamentalismus in den protestantischen Kirchen Europas

Ein junger Theologiestudent fragte im theologischen Seminar an der Universität nach der biblischen Begründung für eine theologische Aussage. Verblüffend war für ihn die Reaktion einer Reihe von Mitstudenten in der Pause: „Ich wußte gar nicht, daß du zu den Fundamentalisten gehörst!" Und: „Seit wann bist du denn ein Evangelikaler?"

Ein anderes Beispiel: Im Predigerseminar einer evangelischen Landeskirche findet eine heiße Diskussion statt. Es geht um einen kirchlichen Kindergarten. Eine Anzahl von Vikaren und Vikarinnen hatten geäußert, daß es keinen Unterschied mache, ob ein Kindergarten im hinduistischen Indien oder in einer evangelischen Gemeinde eingerichtet werde. Darauf meldet sich eine Vikarin und fragt: „Es würde mich doch interessieren, ob es nicht doch ein Argument für einen Kindergarten in kirchlicher Trägerschaft gibt?" Heftige Proteste der meisten Anwesenden, Vorwürfe, intolerant zu sein – die Vikarin hat sich schon früher als Pietistin zu erkennen gegeben. Damit wird sie zugleich als fundamentalistisch eingestuft (nach P. Zimmerling, Fundamentalismus, S. 97).

Pietistisch, evangelikal – alles fundamentalistisch? Mit pietistisch und evangelikal wird vor allem die Bibelfrömmigkeit der Mitglieder dieser Kirchen verbunden. Und diese Bibelfrömmigkeit wird oft als fundamentalistisches Schriftverständnis mißverstanden. Wie bereits angedeutet, ist fundamentalistisches Bibelverständnis vielleicht die größte Gefahr innerhalb der protestantischen Kirchen. Das läßt sich aus dem reformatorischen Erbe der „Schrift allein" begreifen. Aber weder das Erbe Luthers ist fundamentalistisch, noch sind es die evangelikalen und pietistischen Gläubigen samt und sonders. Fundamentalistisches Schriftverständnis ist eine eigene Betrachtungsweise der Schrift. Jedenfalls sorgt Fundamentalismus auch im deutschen Protestantismus für Zündstoff. Die beiden Beispiele zeigen aber auch, wie dabei die Begriffe leicht durcheinandergeraten. Es ist deshalb zunächst einmal auf tatsächliche fundamentalistische Gefahren in den protestantischen Kirchen in der BRD und in Europa hinzuweisen, dann sind einige Begriffe zu klären.

1. Fundamentalistische Tendenzen in Europa

Fundamentalismus bezeichnet heute noch eine bestimmte Bewegung innerhalb des konservativ evangelikalen Protestantismus. Er kommt vor allem in Nordamerika und Großbritannien vor, aber auch in Ländern, in denen fundamentalistische Missionen tätig sind. Er umfaßt heute in Europa einige Millionen eingeschriebener Mitglieder verschiedener Kirchen calvinistischer, baptistischer und pietistischer Tradition. Auch sie nennen sich selbst „Fundamentalisten".

Der Einfluß des Fundamentalismus auf Europa ist zwar begrenzt, aber größer als die kirchliche Bezeichnung „fundamentalistisch" andeutet. Er wirkt vor allem in protestantisch-evangelikalen Kreisen. Einige fundamentalistische Erscheinungen in Deutschland seien genannt (nach G. Sauter, Einführung, in: J. Barr, Fundamentalismus, S. 12 f.):

- immer wieder gibt es „Alarm um die Bibel", wie ein Buchtitel von Gerhard Bergmann heißt, wobei vor der modernen Bibelwissenschaft gewarnt wird;
- die Bewegung „Kein anderes Evangelium", die sich seit 1966 gegen eine modernistische Theologie und gegen einen ethischen Pluralismus in der Volkskirche gebildet hat;
- der damit verbundene zeitweilige Boykott des Deutschen Evangelischen Kirchentages durch die „Konferenz bekennender Gemeinschaften in den Evangelischen Kirchen Deutschlands";
- regionale kirchenpolitische Auseinandersetzungen, wie sie etwa die württembergische Landessynode seit Jahren bestimmen; zu ihrem Einzugsgebiet gehört u.a. die fundamentalistische Studiengemeinschaft „Wort und Wissen";
- der Gründung der „Anskar-Kirche" in Hamburg ging der Austritt aus der evangelischen Landeskirche voraus und die

Kritik an der Evangelischen Kirche in der BRD (EKD), der ein unerträglicher Pluralismus vorgeworfen wurde;
- eine breit gefächerte evangelikale Bewegung, die u.a. zur Gründung der Freien Evangelisch-Theologischen Akademie (FETA) in Basel als Alternative zur theologischen Universitätsausbildung geführt hat; Angriffspunkte sind jetzt nicht mehr nur die historisch-kritische Exegese und philosophische Einflüsse, sondern auch die Prägung neuerer Tendenzen der Seelsorge durch Psychologie und Psychotherapie;
- ein heftiger Widerstand gegen die Entwicklungen in den Missionen und in der Haltung gegenüber anderen Religionen, die teilweise gegen die ausdrücklichen Ziele des Genfer Weltkirchenrates stehen; die Zahl der Missionare der in der „Arbeitsgemeinschaft Evangelikaler Missionen (AEM)" zusammengeschlossenen Missionswerke ist viermal höher als die Zahl der nicht-evangelikalen Missionare;
- eine Reihe von internationalen Zusammenschlüssen wie die 1976 in Löwen gegründete „Gemeinschaft evangelikaler Theologen" und der „Europäische Bekenntniskonvent";
- betroffene evangelische Pastoren im süddeutschen Raum – etwa in Württemberg oder im Dreiländereck um Basel – nennen die sich rasch entwickelnden Tätigkeiten fundamentalistischer Gruppen „entfremdend und glaubenszerstörend", sie vermuten gar ein internationales Netzwerk von Drahtziehern.

Vor allem in vier Bereichen kann eine Berührung des deutschsprachigen evangelikalen Protestantismus mit dem Fundamentalismus festgestellt werden:
- eine gewisse Offenheit für fundamentalistisches Bibelverständnis. Es sei nur an die „Evangelische Allianz" und an die „Konferenz Bekennender Gemeinschaften" erinnert oder an theologische Richtungen wie die „Bekenntnisbewegung: Kein anderes Evangelium";
- auf dem Erziehungssektor: hier werden Alternativen zum herkömmlichen Schul- und Hochschulsystem gesucht.

Es werden „Freie Bekenntnisschulen" und „Bibelschulen" (z. B. Brake, Königsfeld, Kirchberg, Burgstädt u. a.) errichtet. Im Herbst 1991 zählte man 29 evangelikale Privatschulen in der BRD. Bibeltreue Fakultäten wurden geschaffen. Als alternative theologische Ausbildungsstätte wurde die „Freie Theologische Akademie" in Gießen gegründet, die sich bewußt von der liberalen Theologie absetzen möchte. Ausgesprochen fundamentalistisch ist die FETA in Basel, deren Zeitschrift nicht zufällig „Fundament" heißt. 1984 wurde eine „Initiative für bibeltreue Hochschulen e.V." ins Leben gerufen u.a.m.;

- eine weitere Initiative ist im Verlagswesen anzusiedeln: Diesem Programm ist vor allem der Hänssler-Verlag in Neuhausen-Stuttgart verpflichtet, ihm verbunden ist die Studiengemeinschaft „Wort und Wissen e.V.". Deren Direktor, Prof. Werner Gitt, hat 1985 ein vielsagendes und umfangreiches Buch mit dem einschlägigen Titel *Das Fundament* und mit dem Untertitel *Zum Schriftverständnis der Bibel* veröffentlicht. Andere evangelikale Verlagshäuser stehen dem Gedankengut durchaus nahe;
- in den Medien: der evangelikale „Evangeliumsrundfunk", einer der ältesten privaten Rundfunksender, weitete seine Arbeit bereits in den 80er Jahren auch auf den Bereich des Fernsehens aus. Unter der Schirmherrschaft der „Evangelischen Allianz" entstanden in den 70er Jahren der Informationsdienst „idea" und die „Konferenz evangelikaler Publizisten".

2. Evangelikal, pietistisch – alles fundamentalistisch?

Eine genaue Beschreibung des Fundamentalismus in den protestantischen Kirchen scheint dadurch erschwert, daß die Bezeichnungen dabei durcheinandergehen. Häufig wird „fundamentalistisch" mit den Bezeichnungen „evangelikal", „pietistisch", „biblizistisch", „bibeltreu" oder „konservativ" gleichgesetzt. In neuerer Zeit benutzt man darüber hinaus noch Zusammensetzungen wie „konservativ-evangelikal" oder

„fundamentalistische Evangelikale“. Wenigstens eine grobe Abgrenzung tut hier not (s. auch S. Holthaus, Fundamentalismus, S. 51–62).

Das Wort „evangelikal“ wurde im 16. Jahrhundert in England für die Anhänger der protestantischen Reformation innerhalb der anglikanischen Staatskirche benutzt, bedeutete also zunächst nichts anderes als das deutsche Wort „evangelisch“. Später wurde der Begriff durch die Bezeichnung „protestantisch“ verdrängt. Die evangelikale Bewegung der Gegenwart hat ihre Wurzeln vor allem im Pietismus des 18. Jahrhunderts und in der Erweckungsbewegung des 19. Jahrhunderts. Dadurch ist sie verbunden mit den reformatorischen Aufbrüchen des 16. Jahrhunderts. Letztlich rührt von daher die Betonung der Bibel und des persönlichen Glaubens an Jesus Christus.

Es sei nur angedeutet, daß die pietistisch-evangelischen Strömungen in Deutschland eine unterschiedliche und durchgehend religiöse Kultur gebildet haben. Sie ist vor allem von Innerlichkeit, Herzensfrömmigkeit und gelebtem Glauben geprägt. Darüber hinaus ist ihnen eine gewisse Distanz zur etablierten, nach ihrer Meinung erstarrten Kirche zu eigen. Es gab immer wieder Versuche, sich von der EKD zu trennen und eine Parallelstruktur zu dieser aufzubauen. Dabei ist jedoch nicht jeder Evangelikale gleichzeitig ein protestantischer Fundamentalist. Als Erneuerungsbewegung hat der Pietismus ökumenische Weite und soziales Engagement für den Protestantismus gebracht. Eine Reihe von prominenten Vertretern der deutschen evangelikalen Bewegung würden sich in diesem Sinne selbst eher als Pietisten bezeichnen, aber ganz sicher nicht als Fundamentalisten. Politisch gibt es Vertreter der evangelikalen Bewegung, die sich durchaus dem linken Parteienspektrum zugehörig fühlen.

Die Ziele des amerikanischen Fundamentalismus wurden von der evangelikalen Bewegung, wie sie sich nach Ende des Zweiten Weltkrieges weltweit formierte, weitgehend übernommen. Der amerikanische Fundamentalismus hatte ja in Kreisen der Evangelikalen seine Anfänge. Allerdings führte das besondere Interesse der Fundamentalisten unter ihnen zu einer Aufspaltung des amerikanischen Fundamentalismus: der moderate Flügel bildete die Bewegung der „neo-evangelicals (Neu-Evangelikale)“, die bewußt an die Erweckungsbewegung anknüpfen wollte. In Billy Graham fanden die Neuevangelikalen bis in unsere Tage einen populären und erfolgreichen Führer.

Der „Pietismus“ ist eine Reformbewegung innerhalb der protestantischen Kirchen des 17. und 18. Jahrhunderts gegen die erstarrte Frömmigkeit der Orthodoxie. Demgegenüber entwickelten ihre Sprecher wie Spener, Francke, Zinzendorf und Bengel eine engagierte Frömmigkeit, in der das geheiligte Leben des Einzelnen und die Bibel im Mittelpunkt standen. Deshalb wurde die Schrift im Pietismus hoch geschätzt und wurden die biblischen Wissenschaften vorangetrieben. Charakteristisch war zudem die Tendenz des Pietismus zur inneren Abgeschiedenheit von allen weltlichen Dingen.

Der Lehre nach ist der heutige Pietismus evangelikal; aber nicht alle Evangelikale sind Pietisten. Zurückhaltend bleibt der Pietismus gegenüber gewissen Frömmigkeits- und Praxisformen der Evangelikalen. Die kämpferische Haltung der Fundamentalisten findet bei den Pietisten wenig Verständnis. So gingen die Pietisten auch nicht den Weg der Trennung von den Landeskirchen; in der württembergischen Landeskirche etwa ist heute eine große Zahl von pietistischen Mitgliedern vertreten. Den Pietismus wird man als eine besondere Form des evangelikalen Glaubens ansehen dürfen.

Unbestreitbar gibt es zwischen Fundamentalisten, Evangelikalen und Pietisten einige Gemeinsamkeiten: vor allem die grundlegende Bedeutung der Schrift und die persönliche Frömmigkeit. Gemeinsam ist allen drei Gruppierungen bis heute der Kampf gegen liberale theologische Strömungen. Hier spielt besonders die Auseinandersetzung mit der seit der Aufklärung in der protestantischen Theologie vorherrschenden historisch-kritischen Exegese eine entscheidende Rolle. Seit den 60er Jahren ist in einigen Gruppierungen auch ein gemeinsamer Kampf für eine Gesetzgebung in der BRD, die sich an die Zehn Gebote hält, festzustellen, also ein durchaus politisches Anliegen, das sich besonders auch in Parteibildungen vor Wahlen äußert.

3. Fundamentalistisches Schriftverständnis

In der „Chicago-Erklärung zur Irrtumslosigkeit der Bibel" von 1978 heißt es im Artikel VI: „Wir bekennen, daß die Schrift als Ganzes und in allen ihren Teilen, bis hin zu den einzelnen Wörtern der Originalschriften, von Gott inspiriert wurde." Und im Artikel X wird ergänzend hinzugefügt, „daß sich die Inspiration, streng genommen, nur auf den autographischen Text der Schrift bezieht, der nach der Vorsehung Gottes anhand der heute verfügbaren Manuskripte mit großer Genauigkeit ermittelt werden kann". Ähnlicher Ansicht ist in Deutschland etwa der Rektor des Albrecht-Bengel-Hauses in Tübingen, Gerhard Maier, der mit dem wissenschaftlichen Fundamentalismus sympathisiert, ohne sich restlos mit ihm identifizieren zu wollen. Er ist überzeugt, „daß die Inspiration einen Gesamtvorgang darstellt, der sich bis zur Schriftwerdung erstreckt". Denn „was die Offenbarung sagen will, das will sie gerade so, in dieser inspirierten Endgestalt, sagen" (nach W. Thiede, Bibelglaube, S. 131–162).

Im Grunde ist damit der fundamentalistische Buchstabenglaube zum Ausdruck gebracht. Er muß von biblischen Urschriften ausgehen, die von Gott selbst vorgegeben oder gar niedergeschrieben sind. Daß wir es im allgemeinen heute mit späteren Abschriften oder Übersetzungen zu tun haben, wissen auch die Fundamentalisten, und daß diese fehlerhaft sein können, das geben sie durchaus auch zu. Das hält sie aber nicht von der Überzeugung ab, an einem Urtext festzuhalten, der von Gott selbst stammt. Der Naturwissenschaftler Arthur Ernest Wilder-Smith äußert dazu: „Ich möchte nicht behaupten, daß es in der Bibel keine Abschreibfehler oder Übersetzungsfehler gibt. Ich glaube ... aber, daß der ursprüngliche Text vollkommen fehlerfrei war. Gott schrieb die Zehn Gebote sogar mit seiner eigenen Hand."

Warum die Fundamentalisten auf einer solchen göttlichen Urschrift bestehen, leuchtet ein. Denn es geht ihnen um die absolute Verläßlichkeit des Bibelbuches, das der Christ der Gegenwart in der Hand hält. Diese Überzeugung geht aber an einigen Tatsachen vorbei. Im Frühchristentum hat sich nach und nach aus den vorliegenden alt- und neutestamentlichen Büchern eine Sammlung herausgeschält, die seither als „Kanon" im Christentum Geltung hat. Es ist die *Bibel*, so wie Christen sie heute kennen. Dabei legte sich der Kanon aber nicht auf eine besondere Fassung oder Übersetzung der Texte fest. Und das mit gutem Recht. Denn davon gibt es unzählig viele. Das Judentum und vor allem der Islam, die beiden anderen „Buchreligionen", sind diesen Weg gegangen, indem sie ihren Kanon auf einen Urtext festgelegt haben. Um einen ebensolchen Urtext der für das Christentum heiligen Schriften zu gewinnen, bedürfte es einer ungeheuren Sammel- und Forscherarbeit, ohne die Gewißheit, damit an ein Ende zu kommen. Eine solche Aufgabe ist etwa der Pietist Albrecht Bengel angegangen, indem er aus über viertausend Handschriften den Urtext zu gewinnen versuchte, ein Versuch, von dem man sagen kann, daß er mit einiger Wahrscheinlichkeit der Urfassung der biblischen Bücher im großen und ganzen entsprechen dürfte. Aber eine Garantie dafür kann niemand geben. Mit anderen Worten, die Forderung der Verbalinspiration der Schrift in fundamentalistischem Sinne ist kaum einzulösen. Die christliche Theologie hält natürlich nichtsdestoweniger an der Inspiration der heiligen Schriften fest; aber Buchstabentreue ist nicht ihr erster und wesentlichster Inhalt.

Der schon genannte Gerhard Maier hat sich ebenso zur Auslegung der Schrift in fundamentalistischer Weise geäußert: „Begriff und Vorgehen der ‚historisch-kritischen Methode' stellen eine innere Unmöglichkeit dar, sofern und soweit man damit rechnet, daß in der kanonischen Schrift das Zeugnis der göttlichen Offenbarung vorliegt." Fundamentalistisches Bibelverständnis hat sich von jeher gegen die Anwendung moderner Methoden der Geschichtsforschung auf die biblischen Schriften gewehrt. Mit Ausnahme der sogenannten

Textkritik, die – wie erwähnt – den Urtext zu rekonstruieren bemüht ist, werden in der Regel alle anderen Wege kritischen Umgangs mit den Bibeltexten verworfen. Im Grunde wird damit pauschal negiert, daß die meisten biblischen Bücher geschichtliche Texte sind, und zwar in dem doppelten Sinne, daß sie zum einen auf einem geschichtlich – meist erst zu erforschenden – bestimmten Hintergrund entstanden sind und daß sie zum anderen meist eine lange Textgeschichte bis zur Endfassung hinter sich haben. Deshalb wehren die Fundamentalisten insbesonders auch alle wissenschaftlichen Versuche ab, die innere Textgeschichte der Bücher zu erforschen, etwa aus den vorliegenden Büchern interne, ältere Quellen zu erschließen, um damit dem historischen Geschehen noch näherzukommen, oder die sogenannte Redaktionskritik, die über den Entstehungsprozeß einzelner Bücher bis hin zur Endredaktion Aufschluß zu geben versucht. Das weite Spektrum der jedem Theologen geläufigen Forschungs- und Auslegungsmethoden der Schrift wird in der Exegese als „historisch-kritische Methode" bezeichnet. Deshalb die klare Absage an diese Methode von Seiten der Fundamentalisten.

Warum aber die Allergie der Fundamentalisten gegen die historisch-kritische Erforschung der Bibel? Ohne Zweifel befürchten sie, daß durch ihre Anwendung das Wort Gottes oder die Glaubenswahrheit der Bibel relativiert, d. h. aufgeweicht oder herabgesetzt oder ganz unterdrückt wird. Historisch-kritisch betrachten heißt ja immer auch, einen Text in seine Geschichte zurückzustellen und damit vielleicht zu dem Ergebnis zu kommen, daß er wirklich historisch ist, also aus der damaligen Zeit und dem damaligen Verstehenshorizont zu begreifen ist. Das muß aber nicht heißen, daß er uns Heutigen nichts mehr zu sagen hat. Allerdings bedarf es dann wiederum einer besonderen Anstrengung und eines eindringlichen Nachdenkens, was uns denn ein solcher historischer Text heute noch sagen will. Im Grunde ist es gerade die Absicht der modernen exegetischen Methoden, zu erreichen, was die Fundamentalisten selbst anstrengen, nämlich das wirkliche Wort Gottes und die authentische Glaubenswahrheit zum Sprechen zu bringen, es zu reinigen von seiner zeitbedingten Hülle und Fassung und es in seinem ursprünglichen Sinne leuchten zu lassen. Auf welche Weise das Wort Gottes aber aus den biblischen Schriften herauszulesen ist, darin unterscheiden sich eben die Fundamentalisten von den anderen christlichen Theologen.

In den protestantischen Kirchen Deutschlands schwelt die Frage nach dem rechten Bibelverständnis bis in die Gegenwart weiter. Zwischen 1988 und 1990 fanden drei Konsultationstagungen zwischen Vertretern der „Konferenz Bekennender Gemeinschaften" einerseits und Delegierten der verschiedenen Landeskirchen (VELKD), der Arnoldsheimer Konferenz und der theologischen Fakultäten andererseits statt. Dabei wurde wiederum der Dissens in der Bewertung der Inspirationsfrage und der Anwendung der historisch-kritischen Exegese deutlich. Verwarfen die Vertreter der Bekennenden Gemeinschaften jede Sachkritik an der Bibel, so setzten sich die kirchlichen und universitären Vertreter für den sachgemäßen Gebrauch der historisch-kritischen Methode ein. Die unterschiedlichen Ansätze zur Bibel führen so auch heute noch zu Spannungen innerhalb der protestantischen Landeskirchen, wobei den evangelikalen Vertretern oft das Etikett „Fundamentalisten" angehängt wird.

4. Gegen Darwin, für die Bibel – Kreationismus

Die vielleicht bekannteste Frucht des fundamentalistischen Schriftverständnisses ist der sogenannte Kreationismus, d. h. das unbedingte und wortwörtliche Festhalten an der biblischen Schöpfungsgeschichte und zugleich das strikte Ablehnen jeder Form von Evolution, sei es nun im Sinne Darwins oder einer seiner Nachdenker. Der Begriff Kreationismus stammt aus der amerikanischen Frömmigkeitsgeschichte (creationism). Darunter versteht man die Überzeugung von der Glaubwürdigkeit der biblischen Schöpfungsgeschichte im wortwörtlichen Sinne, also bis hin zu naturwissenschaftlichen Details. Darwin und eine Evolution werden dabei abgelehnt.

Es gibt im Deutschen keine geeignete Übersetzung für „creationism". Deshalb werde ich im folgenden den amerikanischen Begriff „Kreationismus" beibehalten.

Wie ist der Kreationismus aus fundamentalistischer Sicht zu verstehen? Professor Sciss, eine Figur aus dem Roman *Die Untersuchung* von Stanislaw Lem, kommt zu folgender Feststellung über die Weltsicht der Menschen: „Am Ende des 19. Jahrhunderts glaubte man allgemein, man wüßte nahezu alles, was es über die materielle Welt zu wissen gibt ... Die Sterne bewegten sich nach mathematischen Regeln, die denen glichen, die man zum Betrieb einer Dampfmaschine benötigte; das gleiche galt für die Atome usw. Eine perfekte Gesellschaft war erreichbar, indem man sie Schritt um Schritt nach einem vorgegebenen Konstruktionsplan aufbaute. Die exakten Naturwissenschaften haben solche naiv optimistischen Theorien schon lange aufgegeben, aber sie sind im Alltagsdenken immer noch lebendig. Der sogenannte gesunde Menschenverstand stützt sich auf das vorprogrammierte Übersehen, Verbergen oder Verspotten von allem, was nicht in die konventionelle Sicht des 19. Jahrhunderts paßt, daß die Welt bis in alle Einzelheiten erklärt werden kann. Gleichzeitig kann man in Wirklichkeit keinen Schritt tun, ohne irgendeinem unverständlichen Phänomen zu begegnen ..." (nach H. Hemminger, Kreationismus, S. 163–196).

Was hat die Geschichte mit dem Verhältnis von Fundamentalismus und Wissenschaft zu tun? Der protestantische Fundamentalismus entstand zu Anfang des 20. Jahrhunderts in einer Atmosphäre, wie ihn Professor Sciss kritisiert: Die Naturwissenschaft lieferte scheinbar eine fertig gedachte Welt, in der weder für das Geheimnis noch für die Religion Platz war und in der die sogenannten wissenschaftlichen Tatsachen bestimmten, was Realität und was Aberglaube war. Im Mittelpunkt standen dabei vor allem immer wieder Theorien zum Anfang der Welt und zum Ursprung des Menschen. Diese Weltanschauung drang tief in das Bewußtsein der Menschen ein. Es entwickelte sich so etwas wie ein naturwissenschaftliches und fortschrittliches Weltbild, in dem für die Religion kaum noch Platz war. Gerade in den USA nahm dieser Wissenschaftsglaube besonders naive und alltagspraktische Züge an. Seither hat in den Naturwissenschaften selbstverständlich eine rasante Entwicklung stattgefunden. Der optimistische und anfangs etwas naive Glaube der Wissenschaften an eine fertig gedachte Welt ist eher einer tiefen Skepsis über die Erkenntnismöglichkeiten einer universalen Welt gewichen. Nicht so allerdings das gängige Weltbild der Menschen.

Der Kreationismus ist ein Erbe der Auseinandersetzung von Religion und Wissenschaft aus dem letzten Jahrhundert. Er verschärft dieses Erbe in Fragen nach dem Anfang der Schöpfung und nach dem Ursprung des Menschen. Gegen das gängige wissenschaftliche Weltbild – damals, aber manchmal auch heute – mußte der Protestantismus sein eigenes Fundament verteidigen, er mußte das berechtigte Anliegen der Wissenschaft vom unberechtigten Anspruch des wissenschaftlichen Weltbildes unterscheiden. Dabei konnte und kann er – wie Prof. Sciss zeigt – heute eher auf die Unterstützung der Wissenschaft zählen als auf das Verständnis des sogenannten gesunden Menschenverstandes. Der Protestantismus mußte zunächst einmal auf seinem Fundament, der Bibel, bestehen.

Es war diesen protestantischen Kreisen zunächst also nicht möglich zu denken, daß es zwischen Bibelwort und Wissenschaft grundsätzliche Widersprüche gibt. Zwischen einer naturkundlichen Deutung der Bibel, etwa die Schöpfungsgeschichte betreffend, und den naturwissenschaftlichen Erkenntnissen und Theorien zum Anfang der Welt und des Menschen tun sich aber unüberbrückbare Gegensätze auf. Die Fundamentalisten bestehen aber weiterhin auf ihrer Sicht. Sie sehen die Geschichte der Schöpfung und des Menschen mit biblischen Augen, ein Entwicklungsschema, das mit dem Schöpfungsakt beginnt und sich fortsetzt über die Erschaffung des Menschen, seinen Sündenfall, die Sintflut, alter und neuer Bund bis hin zur Endzeit. Und genauso buchstäblich hätte sich alles zugetragen.

Diesem wortwörtlichen Bibelverständnis widersprachen aber seit dem letzten Jahrhundert nach und nach die Wissenschaften: zuerst die Geologie, dann die Evolutionstheorie von Charles Darwin, später auch die Kosmologie usw. Mit all diesen Theorien liegt der protestantische Fundamentalismus seit Mitte des letzten Jahrhunderts in einem erbitterten Kampf. Der Kreationismus bezeichnet die Gruppe unter den protestantischen Fundamentalisten, die diesen Kampf zu ihrem Programm gemacht haben. Von dem Höhepunkt der Auseinandersetzung in den 20er Jahren dieses Jahrhunderts, dem sogenannten „Affenprozeß“ von Dayton, haben wir bereits gesprochen. Damals schienen die Fundamentalisten eine vernichtende Schlappe erlitten zu haben. Dem ist aber nicht so.

Der Blick auf den Anfang der Welt und des Menschen scheint die Menschen nicht loszulassen – ja, immer wieder neu zu erregen. Und das nicht nur in dem etwas sonderlichen Amerika, sondern auch bei uns. Es hilft dann auch nicht, wenn die Wissenschaften sagen, es könne doch kaum Sinn der Schöpfungsgeschichte sein, daß Gott die Welt in buchstäblich sechs Tagen ganz und gar erschaffen habe. Die Kreationisten sind auch bei uns auf dem Vormarsch. Und wiederum sind es nicht ausschließlich alltägliche Christenmenschen, die sich einfach nicht mit dem anderen Weltbild der Wissenschaften abfinden können, sondern es sind auch hochkomplizierte Wissenschaftler selbst, die sich etwa in der Studiengemeinschaft „Wort und Wissen e.V.“ zusammengeschlossen haben. Ihr Direktor, der renommierte Naturwissenschaftler Prof. Dr. Werner Gitt, hat zum Thema eine ganze Reihe einschlägiger Bücher herausgebracht.

Ich nehme eine beliebige deutsche Wochenzeitung in die Hand und entdecke darin immer wieder ähnliche Artikel wie den vom 29. Januar 1993 in der *Zeit* mit der Schlagzeile: „Mit der Bibel gegen Darwin“ und mit dem Untertitel: „Für manche Christen ist die Evolutionstheorie unvereinbar mit der Heiligen Schrift. Ihre Lehre findet in Deutschland zunehmend Resonanz“. Und es wird mir gleich zu Beginn der Lektüre bestätigt, was ich vermutete: „‚Der Darwinismus ist bis auf weiteres ein völliges Fiasko‘. Derlei Fundamentalkritik wird unablässig von einer religiösen Subkultur verbreitet. die sich der uralten Konkurrentin der Abstammungslehre verschrieben hat: der biblischen Schöpfungsgeschichte. Eine ganze Bewegung protestantischer Christen, die sich selber Kreationisten oder Schöpfungswissenschaftler nennen, läßt sich durch nichts davon abbringen, die Heilige Schrift naturwissenschaftlich zu deuten. Es sind vor allem amerikanische, aber zunehmend auch einige deutsche Gläubige, die mit der bibeltreuen Naturkunde ihre Lesart der Menschheitsgeschichte bewahren möchten ..."

V. Katholische Variante des Fundamentalismus

Seit geraumer Zeit gibt es offensichtlich auch in der katholischen Kirche Anlaß, auf das Thema Fundamentalismus aufmerksam zu sein. Der Tübinger Dogmatiker Peter Hünermann, ein ansonsten bedächtiger Theologe, hat im Anschluß an die Auseinandersetzung um die „Kölner Erklärung (1989)", die von Theologieprofessoren unterzeichnet war, an den Vorsitzenden der Deutschen Bischofskonferenz einen öffentlichen Brief mit der Anfrage geschrieben: „Droht eine dritte Modernismuskrise?" (Herder-Korrespondenz 1989, S. 130) Die „Kölner Erklärung" war eine Reaktion auf einige schwerwiegende Vorgänge in der katholischen Kirche. Im Hintergrund standen eine Reihe von fragwürdigen Bischofsernennungen durch den Vatikan in der Schweiz, in Österreich, aber auch in Deutschland in der zweiten Hälfte der 80er Jahre. Sodann war eine heftige Kontroverse um die offizielle Morallehre, wie sie von Rom vor allem hinsichtlich der Enzyklika „Humanae vitae" vertreten wurde, der Anlaß. Die empörenden Reaktionen auf Äußerungen des römischen Moraltheologen Carlo Caffara dürften noch bekannt sein. Wir werden gleich darauf zu sprechen kommen.

In diesem Brief führte der Tübinger Theologe, der inzwischen viele Jahre Sprecher der Europäischen Theologen war, unter anderem aus: „Der [derzeitige] Streit gehört m. E. in die Abfolge der ‚Modernismuskrisen', die die katholische Kirche seit dem 19. Jahrhundert schütteln. Diese Krisen weisen alle die gleichen Momente auf.

Es geht um neue Problemstellungen, die mit den Fundamenten der neuzeitlichen Gesellschaft, dem modernen Verständnis des Menschen und der Schöpfung zu tun haben. Überlieferte kirchliche Wert- und Denkmuster werden – ohne hinreichende Fortbildungen und Differenzierungen – festgehalten und zu ‚essentials' des Glaubens und der Kirchen- bzw. Papsttreue stilisiert. Man versucht, sie mit administrativen Maßnahmen durchzudrücken. Es entstehen schmerzliche

Polarisierungen." – Was ist unter diesen Modernismuskrisen der katholischen Kirche zu verstehen?

1. Antimodernismus, Ultramontanismus, Integralismus, Fundamentalismus

Die Modernismuskrisen der katholischen Kirche, wie sie in dem genannten Schreiben angedeutet werden, sind offensichtlich eine katholische Variante dessen, was wir bisher unter Fundamentalismus behandelten. Sie sind eine typische Art, wie wir sie etwa seit den Fundamentalisten der USA kennen, auf Erscheinungen der modernen Welt und Zeit zu antworten. In katholischen Kreisen hat man allerdings aus guten Gründen bisher nicht von „Fundamentalismus" gesprochen. Heute tut man es unverhohlener. In katholischen Kreisen sprach man eher von „Antimodernismus" oder „Integralismus". Die besagten Modernismuskrisen sind ein dunkles Kapitel in der Kirche, auf das man nach dem Zweiten Vatikanischen Konzil nicht sehr gerne zu sprechen kam. Man hielt diese Erscheinungen für vergangen. Es hätte aber zu denken geben müssen, daß der große, von allem Verdacht des Linkskatholizismus freie Theologe Hans Urs von Balthasar bereits Ende der 60er Jahre vor neuen Gefahren des „Integralismus" in der nachkonziliaren Kirche warnte. Seine Warnung wurde damals eigenartigerweise überhört; sie ist erst neuerdings auf Grund aktueller Vorgänge wieder zur Kenntnis genommen worden und hat große Beachtung gefunden.

Diese Bemerkungen machen deutlich, daß es auch in der katholischen Kirche ein ähnlich immer wiederkehrendes Syndrom gibt, das wir bisher im religiösen Fundamentalismus anderer christlicher Kirchen aufgezeigt haben. Wenn wir im folgenden unseren Blick auf einige auffällige Erscheinungen richten, werden sich Vorgänge zeigen, die sich durchaus mit der Entwicklung des religiösen Fundamentalismus in den USA und in Europa vergleichen lassen. Es sind die gleichen fundamentalistischen Gefahren und Tendenzen auszumachen wie fundamentalistisches Schriftverständnis, Traditionalismus,

Moralismus u.a. Vor allem ist es die Auseinandersetzung mit dem sogenannten „Modernismus", der auch in der katholischen Kirche seit gut einem Jahrhundert fundamentalistische Erscheinungen gezeitigt hat.

Die *erste* sogenannte Modernismuskrise der neueren Zeit in der katholischen Kirche fällt etwa in die Mitte des 19. Jahrhunderts. Sie ergab sich aus dem Gegensatz von neuen modernen Lebensformen und von überlieferten kirchlichen Positionen. Pius IX. erließ den sogenannten *Syllabus* und setzte ihn durch. Der Syllabus enthält eine lange Liste der Irrtümer der heutigen Zeit (ca. 80 Irrtümer wurden angeprangert), z.B. falsche Philosophien und Ideologien (vor allem Liberalismus und Kommunismus), falsche gesellschaftliche und staatliche Ordnungen (z.B. wird an den modernen Demokratien kein gutes Haar gelassen), ungute Individual- und Menschenrechte (z.B. wird der persönlichen Freiheit und anderen Freiheitsrechten kein großer Kredit gegeben). Eine Zuspitzung fand die Krise im Umkreis des Ersten Vatikanischen Konzils. Selbstverständlich ist das Konzil selbst keineswegs fundamentalistisch einzustufen. Auch die Dogmatisierung des unfehlbaren Lehramtes des Papstes damals kann, bei korrekter theologischer Lesart und bei Beachtung seiner engen Grenzen, vertreten werden. Aber die Tendenz der Auslegung dieses Konzils danach und vor allem die rigorose Durchsetzung einiger Positionen des Konzils durch Rom in Europa, ja bis in die einzelnen Diözesen Deutschlands hinein, weckt durchaus den Verdacht eines antimodernistischen bzw. fundamentalistischen Muskelspieles.

In dieser ersten Krise ging es also im wesentlichen um den Streit um das politische, gesellschaftliche und geistesgeschichtliche Recht der katholischen Kirche in der modern verfaßten Welt. Diese Vorstellungen hatten vor allem ihren Niederschlag gefunden in der Auffassung der Kirche als „societas perfecta (vollkommene Gesellschaft)". Damit ist gemeint, die Institution der Kirche bilde eine Gemeinschafts- und Gesellschaftsordnung, die neben den säkularen Ordnungen und Staaten gleichen Rechtes ist, ja noch mehr, sie sei die eigentlich vollkommene Gesellschaft, welche den anderen gesellschaftlichen und staatlichen Gebilden als Vorbild vor Augen gestellt wird. Der Anlaß für eine solche Behauptung ist historisch zu begreifen. In der Tat war der Vatikan über lange Zeit ein eigenständiger Staat neben den vielen Staaten in Europa. Im 19. Jahrhundert war der Vatikan aber von den aufstrebenden Nationalstaaten wie Italien, Frankreich u.a. in Frage gestellt worden. Im Zuge der nationalen Einheitsbewegung in Italien war der Papst schließlich in den Vatikan verbannt und damit aus den nationalen Allianzen ausgeschieden worden. Der damalige Papst reagierte mit dem Instrument des Ersten Vatikanischen Konzils. Er setzte den absolutistischen Nationalstaaten den absoluten Anspruch auf Unfehlbarkeit entgegen und behauptete so seine von Gott gegründete Macht.

Wieweit Rom in der damaligen säkularen Welt mit seinen Vorstellungen durchkam, ist etwa an der geharnischten Reaktion Bismarcks abzulesen. Innerkirchlich hatte Rom aber eigene Mittel, seine Kirchenpolitik theologisch und disziplinär durchzusetzen. Und Rom scheute sich nicht, seine Machtmittel zu nutzen. Natürlich waren auch die säkularen Reaktionen weitgehend übertrieben. In Deutschland etwa kam es zum Kulturkampf. Die Katholiken mußten ihrerseits reagieren. Und hier wurden die Vorstellungen der „societas perfecta" bedeutsam. Man schuf sich eine eigene katholische Welt. Es begann der Auf- und Ausbau eines sogenannten katholischen Sozialmilieus in allen Bereichen der Bildung, Erziehung, Kultur und Lebensform, an dem gut hundert Jahre in Deutschland festgehalten wurde. Heute brechen solche Vorstellungen verschiedentlich wieder auf, wie in Aufrufen für katholische Sonderformen, die alle eine gewisse Romantik für die Vergangenheit pflegen, die aber tatsächlich in ein katholisches Ghetto führen würden. So ist etwa die laute Forderung zu bewerten, die Ausbildung von Priestern und kirchlichen Diensten aus den staatlichen Hochschulen herauszulösen oder überhaupt die theologischen Fakultäten an den staatlichen Universitäten abzuschaffen. Allerdings wird man sagen dürfen, daß ähnliche Prätentionen wie die des Islam auf einen Gottesstaat in der westlichen Welt kaum einen Rückhalt gefunden haben.

Einen Eindruck von dem unseligen innerkirchlichen Gezänk mag ein Zitat aus dem sicher unverdächtigen *Handbuch der Kirchengeschichte* (hg. v. Hubert Jedin) geben: „Die volle Gunst des Papstes galt [damals]... den ‚Rittern des Absoluten', die ohne Berücksichtigung der Entwicklung der Geister oder auch nur der lokalen Erfordernisse vor allem und gegen jeden das hervorhoben, was als das ‚Recht der christlichen Gesellschaft' gelten sollte; die wiederholten Ermutigungen, die Rom den Exaltiertesten von ihnen zukommen ließ, gaben ihnen die Überzeugung, sie seien vom Papst mit einer echten Sendung betraut ... 15 Jahre hindurch sollte nun der Vordergrund der Szene von Extremisten – liberale Radikale einerseits und intransigente Ultramontane andererseits – beherrscht werden, die beide gleichermaßen intolerant waren und ihre Ideologie anderen aufzwingen wollten." (Bd. VI/1, S. 756)

Die *zweite* große Modernismuskrise verbindet sich mit dem Dekret des Heiligen Offiziums *Lamentabili* und mit der Enzyklika *Pascendi* Pius X. von 1907. Die beiden Dokumente bestätigten zum einen die integralistische, von manchen ultramontanistisch genannte Richtung der katholischen Kirche, die sich inzwischen weitgehend durchgesetzt hatte, und fügten ihr noch weitere Akzente hinzu. Beide Dokumente wurden als „neuer Syllabus" bezeichnet. Es wurden etwa 65 neue Irrlehren aufgezählt; in *Pascendi* wurde vor allem der Modernismus als „Sammelbecken aller Häresien" der Neuzeit angeprangert.

Jetzt ging es im wesentlichen um die Auseinandersetzung mit der historisch-kritischen Methode in Exegese und Dogmengeschichte. Im Dekret *Lamentabili* wurden theologische Irrtümer über die Autorität des kirchlichen Lehramtes, über die Inspiration der Bibel und Irrtümer theologischer Ansätze zu Fragen von Dogma und Glaube, der Christologie und der Sakramente indiziert. Der Vorgang zog sich dann über Jahrzehnte hin. Es wurde das Bibelinstitut in Rom gegründet, das die Überwachung der Biblischen Wissenschaften weltweit übernehmen sollte. In der Folgezeit erschienen eine lange

Reihe von Einzeldekreten und -dokumenten, die sich mit allen virulenten exegetischen Fragen der Heiligen Schrift und insbesondere der Evangelien, bis hin zur Frage des sogenannten „Comma Johanneum" befaßten, um sie autoritär im Sinne Roms zu entscheiden. Im nachhinein ist dieser Papierkrieg kaum mehr nachzuvollziehen. Das zu tun ist auch nicht nötig; denn die Äußerungen sind heute weithin Makulatur. Sie sind von der Entwicklung der wissenschaftlichen Theologie überholt worden und nur noch von historischem Interesse. Die Aussagen des Zweiten Vatikanischen Konzils haben unter die meisten Fragen einen klaren Schlußstrich gezogen und überzeugendere Antworten vorgelegt. Der Vorgang der ersten Jahrzehnte dieses Jahrhunderts ist unter dem Namen der „Modernismuskrise" in die Kirchengeschichte eingegangen.

Sicher gab es in der Zeit der aufstrebenden Bibelwissenschaften viel exegetischen Überschwang und auch kritikwürdige Publikationen. Aber was aus der Moderne, dem sogenannten Modernismus, in den ersten Jahrzehnten dieses Jahrhunderts gemacht wurde, war eine Chimäre, ein Feindbild, das für Theologie und Kirche schwere Schäden einbrachte. Aber auch das Leben der Seelsorge war nachhaltig beeinträchtigt. So wurde 1910 der sogenannte „Antimodernisteneid" eingeführt, der im wesentlichen Verurteilungen in einem Rundumschlag enthielt und der von allen Geistlichen, Professoren u. a. abgelegt werden mußte. Im übrigen sind die Zeiten noch nicht lange Vergangenheit. Die Kirche hielt am Antimodernisteneid bis an die Schwelle des Zweiten Vatikanums fest.

Was dem fundamentalistisch interessierten Blick an dieser zweiten Modernismuskrise auffällt, ist der Streit um die Bibel und der Streit um die wissenschaftliche Theologie. Der Streit um das rechte Bibelverständnis bricht in gewissen Wellen immer wieder auf. Wir haben dies in den fundamentalistischen Bewegungen der USA und einiger protestantischer Kirchen gesehen. Dasselbe gilt aber auch für die katholische Kirche. Und zwar findet diese Auseinandersetzung auf beiden Seiten statt, nicht nur von Seiten der Amtskirche, sondern auch auf der

Seite der Kirchengläubigen. Die Amtskirche hat in den letzten Jahren ein besonderes Auge auf die historisch-kritische Methode geworfen. Die katholische Theologie ist gerade in der Exegese mit scharfen Angriffen konfrontiert.

Aber auch das Kirchenvolk ist nicht gegen ein fundamentalistisches Schriftverständnis gefeit. Eine Kommission der amerikanischen Bischofskonferenz hat im Jahre 1987 ein Arbeitspapier zur Frage des biblischen Fundamentalismus herausgegeben, in dem darauf hingewiesen wird, daß von der fundamentalistischen Einstellung zur Bibel („The Bible alone") auch auf viele Katholiken eine große Anziehungskraft ausgehe. In diesen Kreisen des Katholizismus gebe es keinen Platz für eine ganzheitliche Sicht der Kirche, mit ihrer Weisheit, mit ihren Lehren und Traditionen. Fundamentalistische Bibelgruppen würden simplizistische Antworten auf komplexe Fragen geben, was einen besonderen Reiz auf solche Personen ausübe, die in einer unübersichtlich gewordenen Welt nach klaren Antworten suchten (Herder-Korrespondenz 1987, S. 556). Diese Aussage gilt insbesondere für Amerika; sie hat aber auch bei uns eine gewisse Bedeutung.

Der Tübinger Theologe Peter Hünermann kommt dann vorwarnend auf eine *dritte* sich möglicherweise abzeichnende Modernismuskrise der katholischen Kirche zu sprechen: „Nach der Öffnung der Kirche für eine keineswegs unkritische Auseinandersetzung mit der Moderne durch das II. Vatikanische Konzil scheint sich seit einigen Jahren die dritte große ‚Modernismuskrise' anzubahnen ... Wiederum steht im Hintergrund ein Schreckensgemälde der modernen Welt. Wieder gibt es ‚Ritter des Absoluten'. Wieder gibt es ‚unheilige Allianzen'." – Wenden wir uns im folgenden einigen Erscheinungen einer sich abzeichnenden Krise mit fundamentalistischem Einschlag zu.

2. Fundamentalistische Tendenzen in der katholischen Kirche heute

Auch die katholische Kirche steht in der Auseinandersetzung um ihre religiösen und theologischen Fundamente. Auch in ihr drohen Tendenzen und Gefahren fundamentalistischen Verständnisses. Wie sieht die katholische Variante in einigen wesentlichen Punkten aus?

Autorität des Papstes statt der Bibel

In der katholischen Kirche hat das sogenannte Lehramt eine besondere Bedeutung. Wie die Darstellung der Modernismuskrisen verdeutlicht hat, wurden diese im wesentlichen von Rom und einigen Päpsten inszeniert. Die zweite Modernismuskrise bestand vor allem darin, daß aus Rom angeordnet wurde, wie die *Bibel* zu lesen und auszulegen sei. Darüber hinaus wird in der Kirche der Tradition ein hoher Stellenwert zuerkannt. Auch hier entschied Rom, welche Tradition für die Kirche gelte. Mit anderen Worten ist es das Papstamt, das in der Kirche die zentrale Lehrinstanz repräsentiert. Vom Papstamt spricht man deshalb als dem „authentischen Lehramt", das in besonderen Fällen unfehlbar sein kann. Wie steht es aber dann mit den anderen Quellen in der Kirche, der schriftlichen Überlieferung der Bibel und der mündlichen Überlieferung der Tradition? Fundamentalistische Gefahren tun sich in der Kirche auf, wenn das Gleichgewicht der Momente zugunsten eines Momentes, etwa des Lehramtes, verschoben wird.

- Auf die Frage der *Herder-Korrespondenz*, inwieweit es sich derzeit bei einigen Erscheinungen des amerikanischen Katholizismus um eine Art von Fundamentalismus handle, den man ansonsten stärker im amerikanischen Protestantismus antrifft, antwortete 1987 Richard McBrien, Professor für Katholische Theologie an der University of Notre Dame, für die Catholic Theological Society: „Jede Religion – ob es nun der Islam, das Judentum oder das Christentum ist – kennt ein Segment religiöser Gruppen, in denen das Bedürfnis nach absoluter Gewißheit über das Leben, die Wirklichkeit, über Gott und die Zukunft besonders stark anzutreffen ist. Diese Gruppen kennzeichnet ein Glauben des ‚alles oder nichts‘. Ihre Einstellung ist: Wir haben recht und alle anderen haben unrecht. Wir können nicht einmal die Möglichkeit erkennen, daß wir auch nur teilweise unrecht haben können. Und ebenso können wir nicht einmal die Möglichkeit erkennen, daß andere auch nur teilweise recht haben können. Mit diesem Phänomen haben wir es vor allem im amerikanischen Protestantismus zu tun – man kann es aber auch bei vielen Katholiken feststellen. Bei Katholiken spricht man in dem Zusammenhang zwar normalerweise nicht von Fundamentalismus, aber die Mentalität ist im Grunde dieselbe: Der protestantische Fundamentalismus steht auf dem Standpunkt: Die Bibel sagt es mir so. Der katholische Fundamentalismus geht davon aus: Der Papst sagt es mir so“. (Herder-Korrespondenz 1987, S. 372)

In der Tat ergeben sich weitreichende Vergleichsmöglichkeiten, wenn man diesen Wechsel der Vorzeichen erkennt: Was für die reformatorischen Kirchen die Berufung auf die Bibel bedeutet, das entspricht in der katholischen Kirche oft der auf das Papstamt. Nicht per Zufall wurde die Lehre von der Verbalinspiration in der protestantischen Orthodoxie des 17. Jahrhunderts bisweilen als „papierener Papst“ apostrophiert, der die Wahrheit der Offenbarung unfehlbar vorlegt. Ähnliche fundamentalistische Erscheinungen sind in der katholischen Kirche die Folgen, vor allem wenn daraus ein „alles oder nichts“-Standpunkt wird – die römisch katholische Kirche zur Papstkirche wird: „Roma locuta, causa finita (Rom hat gesprochen, also jede Diskussion beendet)“.

– Viele Strömungen fundamentalistischer Richtungen haben in ihrem Rigorismus ihren Ursprung. Ich möchte z. B. geradezu auf ein Kompendium traditionalistischer Theologie hinweisen, wie es in Georg Mays Buch *Der Glaube in der nachkonziliaren Kirche* (1983) vorliegt. Dieses Buch mit Vorwürfen gegen die sogenannte modernistische Theologie ist nicht von irgend jemandem geschrieben, sondern von dem bisherigen Professor und Vorstand des Kirchenrechtlichen Institutes in Mainz.

- Große Teile dieses Buches wurden bei der Jahresversammlung der „Una-Voce-Deutschland“ (1982) vorgetragen. Darin sind vor allem Publikationen einschlägiger Organe verwertet, wie die des *Fels*, des *Theologisches* und der *Una-Voce-Korrespondenz* im deutschsprachigen Raum, also alles Sympathisanten der „Bewegung für Papst und Kirche“. Sinnigerweise wird in derselben Publikation die Neuauflage des antimodernistischen Kompendiums von Pius X. angezeigt. Bis vor kurzem dachte ich selbst, man könne dieses Buch einfach stillschweigend wegen Irrelevanz übergehen. Aber dem scheint nicht so zu sein, da man feststellen muß, daß viele Argumentationen dieses Buches derzeit in traditionalistischen Kreisen zunehmend auftauchen.

Schriftfundamentalismus

Der Schriftfundamentalismus spielt in der katholischen Kirche wenigstens offiziell keine so große Rolle wie in den evangelischen Kirchen. Doch sollte daran kein Zweifel sein, daß die Bibellektüre zum Großteil fundamentalistische Züge trägt, vor allem wenn es um theologische Kontroversen geht. Auseinandersetzungen um die Auslegung der Bibel gibt es auch im katholischen Bereich. Und auffällig ist, daß es nur zu oft gerade jene Themen sind, welche die amerikanischen Fundamentalisten zu ihren „fundamentals“ rechnen: „Jungfrauengeburt“, „Sühneopfer“, „leibliche Auferstehung“, um nur an die neuerliche Diskussion um die Jungfrauengeburt zu denken, vor einigen Jahren an die um die Auferstehung und seit dem Zweiten Vatikanum um den Opfercharakter der Messe. Diese Auseinandersetzungen werden oft mit einem fundamentalistischen Zungenschlag geführt. Ich darf in diesem Zusammenhang nur wiederum an das Buch von Georg May erinnern, der sich diesem Thema extensiv widmet. Ich möchte dazu nur noch bemerken, daß es merkwürdig ist und Mode geworden zu sein scheint, daß sich in Kontroversfragen der Exegese und Dogmatik vor allem Kirchenrechtler für kompetent halten.

Dazu kommt heute ein Trend gegen die wissenschaftliche Auslegung der Schrift zutage, wenn immer wieder vom „Bankrott der historisch-kritischen Exegese" u.ä. gesprochen wird.

- Fundamentalistisch ist aber auch in weiten Kreisen das Bibellesen des einfachen Kirchenvolkes. Das Katholische Bibelwerk Deutschlands widmete im Jahr 1988 dem Thema des Fundamentalismus ein Heft, weil es zur Überzeugung kam, daß sich auch bei uns „fundamentalistischer Umgang mit der Schrift zunehmend breit macht. Und immer mehr Christen, die bibelinteressiert sind, greifen zu solchen ‚einfachen' Auslegungen, ohne zu merken, welche Ideologie hinter einer solchen Reduktion christlichen Glaubens steht." (Bibel und Kirche 1988, S. 96)
- In einem Manifest des Schweizerischen Katholischen Bibelwerkes heißt es 1987 ebenso: „Zu vermerken ist ein zunehmender Fundamentalismus nicht nur in sektiererischen Kreisen. Dieser betrachtet die Bibel als Rezeptbuch zeitloser Antworten, reißt Sätze aus ihrem Zusammenhang, vereinnahmt ihre Aussagen zur Rechtfertigung des eigenen Standpunktes und gibt erst noch vor, die Bibel wörtlich zu nehmen." (ebd.)

Traditionalismus gegen Bibel und Papst

Traditionalismus ist eine Erscheinungsform des Fundamentalismus über alle konfessionellen Grenzen hinweg: „So gewichtig die Differenz zwischen Konservativ-Evangelikalen und katholischen Traditionalisten sein mag ... Sie berührt gleichsam nur die Oberfläche, nicht die Tiefenstruktur... Die Übereinstimmungen weisen innere Verbindungen [auch] mit den Tendenzen im nicht-kirchlichen Gesellschaftsfeld auf". (R. Frieling, S. 35)

- Der Erzbischof Marcel Lefebvre und seine Gefolgsleute sind das beste Beispiel dafür im katholischen Bereich. Sie stehen für einen rigorosen Traditionalismus in der katholischen Kirche, die u.a. die Rückkehr zur lateinischen Tridentinischen Liturgie und die Abkehr von den „Verirrungen" des

Zweiten Vatikanischen Konzils fordern. Zu den verhängnisvollen Irrtümern dieses Konzils gehören für sie vor allem die Zuwendung der Kirche zur Welt, sodann die Öffnung zur Ökumene und die Würdigung anderer Religionen, schließlich die Bejahung der Religions- und Gewissensfreiheit. Berühmt wurde etwa ein Schreiben Bischof Lefebvres an seine Priesterbruderschaft. Dieser Brief mag zugleich einen Vorgeschmack geben, welches religiöse Gebräu die Weltanschauung Lefebvres durchzieht:

„Von ganzem Herzen und mit ganzer Seele halten wir uns an das katholische Rom, das sowohl über den katholischen Glauben wie über die zu seiner Bewahrung notwendigen Traditionen wacht: die ewige Roma, Lehrmeisterin der Weisheit und Wahrheit.

Hingegen lehnen wir es ab und haben es stets abgelehnt, dem Rom neomodernistischer und neoprotestantischer Tendenz zu folgen, die am 2. Vatikanischen Konzil und darnach in den aus ihm hervorgegangenen Reformen ganz klar zutage trat.

Alle diese Reformen waren und sind noch immer mitschuld an der Zerstörung der Kirche, am Ruin des Priestertums, an der Vernichtung von Meßopfer und Sakramenten, am Untergang des religiösen Lebens, an einem naturalistischen und teilhardianischen Unterricht an den Universitäten, den Seminarien und in der Katechese, einem Unterricht, der dem Liberalismus und Protestantismus entspringt, welche ungezählte Male durch das feierliche Lehramt verurteilt worden sind.

Keine Autorität, nicht einmal die höchste in der Hierarchie, kann uns zwingen, unseren katholischen Glauben aufzugeben oder zu reduzieren, welcher seit 19 Jahrhunderten durch das Lehramt der Kirche in klarem Bekenntnis formuliert wurde." (Aus: Orientierung 1974, S. 119) – Dieser Brief ist darüber hinaus auch ein Beispiel, wie diese Strömungen die Autoritäten, auf die sie sich berufen, nach Belieben austauschen. Einmal berufen sie sich auf den Papst, einmal auf die Schrift und vor allem auf die Tradition.

- Seit der schismatischen Weihe von vier Bischöfen durch Lefebvre im Jahre 1988 teilen sich seine Anhänger in einen schismatischen und einen nicht-schismatischen Zweig. Zu verfolgen wäre, ob Rom derzeit den traditionalistischen Tendenzen der Ehemaligen von Lefebvre nicht Zug um Zug nachgibt. So heißt es etwa in einem Protokoll von einem Treffen mit ehemaligen Lefebvre-Anhängern, ihnen werde allein auferlegt: „1. Treue zur katholischen Kirche und zum römischen Papst ...; 2. die Lehre des II. Vatikanums über das kirchliche Lehramt [LG 25] anzunehmen [nur das!] ...; 3. jede Polemik zu vermeiden in Bezug auf Lehrpunkte des II. Vatikanums oder spätere Reformen, die ihnen schwer vereinbar mit der Tradition erscheinen ..." (Aus: Herder-Korrespondenz 1989, S. 133)
- Am 18. Juli 1988 wurde in der Nachfolge von Lefebvres „Priesterbruderschaft St. Pius X." die „Priesterbruderschaft St. Petrus" in der Zisterzienserabtei Hauterive in der Schweiz ins Leben gerufen. Die Bruderschaft wurde von Rom als „Gesellschaft apostolischen Lebens" approbiert. In den Statuten der Bruderschaft heißt es u.a.: „Die Bruderschaft vom hl. Petrus will alle diejenigen Priester aufnehmen, die den Wunsch haben, der Kirche und den Seelen in einem traditionellen Geist zu dienen." Das Priesterseminar befindet sich in Wigratzbad (Diözese Augsburg). Im übrigen ist der neue Generalobere der Bruderschaft kein anderer als Joseph Bisig, der in dem eben genannten Wigratzbad die Aufgabe hat, die künftigen Priester in solcher „traditioneller Spiritualität" auszubilden.
- Die französische Integralistenzeitung „Présent" veröffentlichte im August 1988 die Vereinbarungen, die zwischen Kardinal Mayer und dem Prior eines Benediktinerklosters bei Avignon, Dom Calvet, getroffen worden waren. Das Kloster lebt seit Jahren im offenen Bruch mit dem Benediktinerorden; ihr Prior ist nach Lefebvre das Haupt des Integralismus in Frankreich. Dort war u.a. von Rom unterzeichnet worden, daß dem Kloster ‚die Messe Pius V., der alte Katechismus, die Sakramente und alles andere, was im

Einklang mit der jahrhundertealten Tradition der Kirche steht' „bewilligt werden, ohne daß man Gegenleistungen in Lehrfragen, Zugeständnisse oder Widerrufe verlangt". Außerdem steht im Text: „Es sollte von uns kein Zugeständnis in Fragen der Lehre oder der Liturgie verlangt und uns kein Schweigen bei unserer antimodernistischen Predigt auferlegt werden." Im *Informationsblatt der Priesterschaft St. Petrus* wurde in der Ausgabe Juni/Juli 1995 ein Pressefoto veröffentlicht, auf denen bekannte Vertreter mit Papst Johannes Paul II. zu sehen sind: Der abtrünnige Benediktinerabt Dom Calvet, die Vorsitzende der 1990 gegründeten Laienvereinigung „Pro Missa Tridentina" und Prof. Robert Spaemann (München), der zweite Vorsitzende dieser Gruppe. Über den Anlaß dieser Begegnung mit dem Papst darf man frei spekulieren.

- In das traditionalistische Umfeld gehört die schon 1964 gegründete „Una-Voce-Bewegung". Sie war also gleich nach der Verabschiedung des Liturgiedokumentes durch das Zweite Vatikanische Konzil ins Leben gerufen worden. Aus Anlaß des 25. Jahrganges der von dieser Gruppe herausgegebenen *Una-Voce-Korrespondenz* skizzierte der frühere Präsident in der Ausgabe vom Mai 1995 die 30jährige Entwicklung der Bewegung folgendermaßen: Begonnen habe man mit dem Anliegen, Latein und Gregorianik in der römischen Liturgie zu erhalten. Auf Grund der Erfahrungen mit dem Missale Pauls VI. habe man sich jedoch zur Ausweitung der Zielsetzung entschlossen, sich für die Bewahrung der alten Riten einzusetzen. Schließlich sei man zum Entschluß gekommen, Rom um die Errichtung eines „Ritus Antiquus" im Sinne einer kirchenrechtlich eigenständigen Ritusfamilie zu bitten. Diese Bitte ist in Rom dankenswerter Weise noch nicht erhört worden. Andere Vorgänge wären ebenso zum Thema zu berichten.

Fundamentalistische Moral

Im Mittelpunkt fundamentalistischer Theologie steht vor allem die Moraltheologie. Bei Georg May heißt es dazu: „Es war stets die Stärke und der Ruhm unserer Kirche, daß sie die Gebote Gottes furchtlos und unverkürzt verkündete, auch wenn sie damit auf Ablehnung und Entrüstung stieß. Diese Treue zum Willen Gottes war geradezu ein Beweis für ihre göttliche Herkunft und Leitung. Hier hat sich in der nachkonziliaren Kirche ein grundstürzender Wandel vollzogen." Und innerhalb der Moraltheologie findet die katholische Sexuallehre und insbesondere die Empfängnisverhütung besondere Aufmerksamkeit. So stellt Georg May fest: „Die amtliche Lehre der Kirche von der Empfängnisverhütung stellt ein die Moral betreffendes Dogma [sic!] dar." Und: „Die Königsteiner Erklärung führt schließlich zur Auflösung jeder verbindlichen Glaubens- und Lebensordnung." (a.a.O., S. 205 f.)

Den fundamentalistischen Einschlag einer gewissen Moraltheologie kann man heute gut am Beispiel Carlo Caffaras studieren. Er hat es ja zu dem zweifelhaften Ruf gebracht, diejenigen, welche Empfängnis verhüten, mit Mördern zu vergleichen. Mir geht es aber nicht um die Auseinandersetzung um diese Aussage, die, wie von vielen Seiten bestätigt wurde, von dem römischen Professor und Vorstand des Päpstlichen Institutes für Ehe und Familie gemacht worden ist. Es sei nur angemerkt, daß bis heute rund 30 Bayerische Landtagsabgeordnete der CSU in ihrem Bemühen, Carlo Caffara zu einer Rücknahme seiner Äußerung zu bewegen, sowohl bei diesem als auch bei Kardinal Ratzinger auf taube Ohren gestoßen sind.

Der bekannte Moraltheologe Bernhard Häring berichtete von einem Kongreß an Ostern 1988 in Rom, wo Carlo Caffara seine Sexualmoral vortrug. Dort habe er – Bernhard Häring – ihn öffentlich gefragt, ob er wohl meine, seine rigorose Sexuallehre werde heute gehört werden, und Caffara habe geantwortet: „Das interessiert mich keineswegs. Wir sprechen die Wahrheit." Das ist in der Tat die Haltung, die hinter allem steht.

Doch nun zur Argumentation in dem fraglichen Vortrag, den Carlo Caffara im November 1988 beim Internationalen Moraltheologenkongreß in Rom gehalten hat. Die Kirche habe im CIC (*Codex Iuris Canonici*, d.i. das römische Kirchenrecht) von 1917, so heißt es dort, „einen ziemlich starken Ausdruck für jeden, sei er verheiratet oder nicht, der Empfängnisverhütung begeht: ‚Tamquam homicida habeatur = Er solle als Mörder behandelt werden‘. Die Gleichsetzung, besser Analogie, die die kanonische Gesetzgebung durch Jahrhunderte zwischen Mord und Kontrazeption festgelegt hat, verwundert nicht mehr, wenn wir nicht ausschließlich auf die materielle Seite eines solchen Betragens, sondern auf Gesinnung und Willensrichtung desjenigen schauen, der Kontrazeption betreibt. Denn seine Entscheidung ist in Wirklichkeit letztlich begründet und motiviert vom Urteil: ‚Es ist nicht gut, daß ein neues Leben existiere‘." – Also eine deutliche Gleichsetzung von Empfängnisverhütung und Abtreibung, die viele Katholiken bis hin zu dem KirchenVolksBegehren 1995 in Zorn versetzt hat.

Was geschieht in einer solchen Argumentation: In der Tat stammt der besagte Passus aus einer frühen Fassung des CIC. Inzwischen sind hier Änderungen angebracht worden, die Caffara nicht erwähnt. Wichtiger ist aber, daß man damals wohl kaum über Empfängnisverhütung im heutigen Sinn sprechen konnte, weil sie so gar nicht bekannt war. Man hatte vor allem die Abtreibung im Blick. Den Unterschied zwischen Abtreibung und Empfängnisverhütung sollte man aber nicht verwischen. Wie Carlo Caffara aber gerade dieses tut, zeigt das Weitere aus dem Zitat.

Es genügt Caffara nicht mehr, wie er sagt, nur die materielle Seite einer Handlung zu betrachten. In der Tat war das bisher die überwiegende Argumentation der katholischen Moraltheologie seit *Humanae vitae* (1968) gewesen, indem man sich auf das Naturrecht bezog und von daher gegen die Kontrazeption argumentierte. Das Naturrecht ist aber die objektive von Gott gewollte materielle Schöpfungsordnung. Nun genügt diese also auch nicht mehr, oder besser, es wird eine noch strengere Autorität ins Spiel gebracht: die rigorose Gesinnung. Das ist allerdings neu. Denn bisher war es ziemlich verpönt, in diesen Fragen die Gesinnung des einzelnen ins Spiel zu bringen. Es geht aber auch gar nicht um die Gesinnung des einzelnen, sondern um eine rigorose Gesinnungsethik, die nicht einmal mehr Rücksicht auf die materielle Seite nimmt. Mit anderen Worten macht es – für uns, nicht für den römischen Moraltheologen – doch einen Unterschied, ob bereits Leben vorhanden ist (Abtreibung) oder nicht (Empfängnisverhütung). Bei einer solchen rigorosen Gesinnungsethik fällt diese Unterscheidung aber aus. Ich hätte einen Aufschrei der Moraltheologie erwartet, als diese Argumentation bekannt wurde. Denn eine solche rigorose Gesinnungsethik kann wohl nicht ihr Ziel sein. Das ist aber das Signifikante auch an diesem Vorgang: Es werden die ethischen Autoritäten – einmal Naturrecht und einmal Gesinnung – recht beliebig ausgetauscht, gerade wie es einem ins Zeug paßt. Gefordert dagegen wäre gerade auch hier, die empfindliche ethische Balance zwischen Naturrecht und Gesinnung zu suchen.

Kirchliche Gruppierungen

Die mit diesen genannten einzelnen fundamentalistischen Erscheinungen verbundenen Interessen artikulieren sich zunehmend in mehr oder weniger militanten Gruppierungen. Es sind Gruppen, die sich innerhalb der katholischen Kirche bewegen und sich von der Gesamtkirche nicht getrennt haben. Es sei denn, sie wurden von der Kirche ausgeschlossen, wie der schismatische Teil der Traditionalisten um Lefebvre, oder sie wurden in ihre Grenzen verwiesen wie das „Engelwerk". Es ist gut zu heißende römische Kirchenpolitik, die tendenziell fundamentalistischen Gruppen aus der Kirche nicht auszuschließen, sondern in Geduld das Gespräch mit ihnen zu suchen. Allerdings sollten dabei auch keine falschen Rücksichten genommen werden. Auch ist der Rückhalt dieser Gruppen im Kirchenvolk im allgemeinen noch relativ gering, aber Militanz und Auftreten scheinen immer aggressiver zu werden. Einige Gruppen seien stichwortartig genannt (nach *Herder-Korrespondenz* 1995, S. 477–482):

- die Traditionalisten um den verstorbenen Erzbischof Marcel Lefebvre: Nach seiner Exkommunikation spaltete sich die Bewegung in einen schismatischen und in einen nicht-schismatischen Teil (s. oben).

- die „Priesterbruderschaft St. Petrus“: Sie macht den Kern der nicht-schismatischen Traditionalisten nach Lefebvre aus. Das Priesterseminar der Bruderschaft befindet sich in Wigratzbad (Diözese Augsburg, s. oben). Eigenen Angaben zufolge umfaßt die Bruderschaft derzeit 46 Priester, 2 Diakone und 95 Seminaristen. In Stuttgart und Salzburg betreibt die Bruderschaft eigene Niederlassungen. Zur Bruderschaft gehören die beiden Zeitschriften *Umkehr* und *Informationsblatt der Priesterbruderschaft St. Petrus.*
- die „Christkönigsjugend“: Sie ist die Jugendbewegung der St. Petrus Bruderschaft.
- das „Engelwerk“ (Opus Angelorum): Es wird in diesem Zusammenhang immer wieder genannt. Zu diesem Werk ist eine ganze Reihe von Priesterbruderschaften „Vom Heiligen Kreuz“ und von Laienbruderschaften wie etwa das „Schutzengelwerk“ zu zählen.
- das „Opus Dei“: Um diese Bewegung mit den Unterorganisationen für Priester und Laien ist seit langem eine besonders heftige Kontroverse entbrannt. Charakteristisch für sie ist die Geheimnistuerei hinsichtlich ihrer Organisation und Tätigkeiten. Die *Brockhaus-Enzyklopädie* (1991) führt unter „Opus Dei“ folgende Stichworte an: „Geheimhaltung, rigoroses Innenleben (Geißel und Bußgürtel), Indoktrination Jugendlicher, sektenähnliche Werbepraktiken, Verstrikkungen von Mitgliedern in Finanzskandale und Förderung kirchlicher Restauration im Sinne eines autoritären Konservativismus haben weltweit Kontroversen um das Opus Dei entfacht.“ – Wenn diese Stichworte zutreffen, wird man das „Opus Dei“ weiterhin in den fundamentalistischen Umkreis einreihen müssen.
- „Pro Missa Tridentina“ ist eine Vereinigung von Laien, die sich für die lateinische Liturgie einsetzt.
- die „Bewegung für Papst und Kirche“ wurde 1969 gegründet: Zu ihr gehören eine Reihe von Gruppen. So sind etwa in Österreich ein ganzes Bündel solcher Gruppen aus dem

Boden geschossen, von der Bewegung „Pro Occidente" über die Gemeinschaft „Treue zur Kirche" bis zum „Linzer Priesterkreis". In anderen Ländern ist ähnliches zu konstatieren. In der BRD organisiert der „Kölner Priesterkreis" jährliche Treffen.

Von der Bewegung wird auch die Zeitschrift *Der Fels* herausgegeben. In den Umkreis gehören eine Reihe weiterer Zeitschriften wie *Theologisches* und *Kirche heute*. Auch die Produkte des Aachener Jungverlegers Manfred Müller mit seinen „*MM*"-Publikationen und der deutschen Ausgabe von *Trenta Giorni* (30 Tage) sind hier zu nennen.

- die „Una-Voce-Bewegung": sie ist schon zur Zeit des Konzils 1964 gegründet worden (s. oben). Sie unterhält die *Una-Voce-Korrespondenz*.
- die „Katholische Pfadfinderschaft Europas (KPE)": Diese ist mit ihrem Gründer Andreas Hönisch derzeit eine der umstrittensten Gruppierungen. Wie sich in der BRD die KPE von den Pfadfindern (DPSG) abspaltete, so nach ihrem Vorbild die „Scouts d'Europe" in Frankreich.
- die „Gemeinschaft der Diener Jesu und Mariens (SJM)" ist eine Organisation der eben genannten KPE. Die KPE unterhält die Zeitschrift *Pfadfinder Mariens*.
- im „Vereinten Apostolat im Geist Mariens (VAM)": Hier sind zahlreiche Gruppen, Bewegungen und Einzelpersonen versammelt wie die „Katholische Glaubensliga", die „Bewegung für das Leben e.V.", „Fatima Aktion 77", „Medjugorje Deutschland e.V.", die „Marianische Priesterbewegung (MPB)", „Jugend 2000" u.a. VAM hat einen Buchversand *Maria Aktuell* und betreibt den *Radio Maria e.V.* Ein besonders militantes Marienorgan ist die österreichische Monatszeitschrift „*Der 13.*", die jeweils am Fatimatag erscheint.

Das Vorgehen dieser Gruppierungen zeigt eine immer wieder gleiche Taktik: Bischöfe und Papst werden mit Unterschriftenaktionen über vermeintliche Mißstände in der Kirche überhäuft und traktiert. Gehen diese auf die Aktion nicht gebührend ein, so werden sie unverhohlen kritisiert und selbst zu Beschuldigten. So schildert der Herausgeber von *Theologisches* in der Ausgabe vom Mai 1989 selbst das Vorgehen und ruft zu weiteren Aktionen auf: Die 1969 gegründete „Bewegung für Papst und Kirche e.V." habe bereits im Jahre 1970 ein Manifest mit ca. 150 000 Unterschriften nach Rom gesandt. Inhalt des Manifestes war die Erinnerung des Papstes an die authentische kirchliche Tradition und an sein unveräußerliches Lehramt und der Hinweis auf die nachkonziliare Verwilderung in Liturgie, Theologie und Moral. Der Autor beklagt sodann die schwache Resonanz aus Rom. 1984 war eine „Erklärung katholischer Priester zur gegenwärtigen Situation der Kirche in Deutschland" an die Bischöfe gerichtet. Auch hier zeigte man sich sehr verärgert über die mangelnde Resonanz der Angesprochenen. Zuletzt erging 1989 die „Solidaritätserklärung katholischer Laien" an den Papst und an die Bischöfe als Antwort auf die „Kölner Erklärung". Der Druck auf Rom und die Bischöfe scheint größer zu werden.

3. Beispiel: Allianz fundamentalistischer Schriftauslegung und Moral – wiederverheiratete Geschiedene

Die drei Oberrheinischen Bischöfe von Freiburg i. Br., Mainz und Rottenburg-Stuttgart haben im Jahr 1993 zu einer brennenden Frage einen gemeinsamen Hirtenbrief herausgegeben: „Zur seelsorgerlichen Begleitung von Menschen aus zerbrochenen Ehen, Geschiedenen und wiederverheirateten Geschiedenen". Darin machen sie sich Gedanken, wie man sich in der Kirche zu diesen Problemfällen verhalten solle. Ob es etwa das letzte Wort der Kirche sein könne, jemanden, der geschieden ist und sich wieder verheiratet hat, einfach aus der Kirche auszustoßen. Man stelle sich vor, daß man in der Kirche viele Übeltaten begehen kann, ohne aus der Kirche ausgestoßen zu werden oder doch noch einen Weg zu ihr zurück zu finden (z.B. kann man einen anderen Menschen umbringen), nur im Falle der wiederverheirateten Geschiedenen geht gar nichts mehr. Die Fälle nehmen in unserer Gesellschaft offensichtlich zu. Darüber hinaus trifft man häufig auf Ehepartner, die wirklich unschuldig in eine persönliche Affäre hineingeraten sind und sehr darunter leiden. Sie dürfen zum Beispiel nicht mehr an der Kommunion teilnehmen. Nun haben die genannten Bischöfe in dieser schwierigen Situation ernsthafte Überlegungen angestellt und einige konkrete Lösungen vorgeschlagen.

Dieses Hirtenschreiben mißfiel Rom nun aber sehr. In einer Antwort der „Kongregation für die Glaubenslehre" vom Jahr 1994 wies Rom das Ansinnen der Bischöfe ab. Man führte dagegen die Lehre der Kirche an. Der entscheidende Satz des Antwortschreibens lautet: „Es kommt dem universalen Lehramt der Kirche zu, in Treue zur heiligen Schrift und zur Tradition das Glaubensgut zu verkünden und authentisch auszulegen." Und die eindeutige Antwort des Lehramtes war ein klares „Nein, so nicht."

In dem zitierten Satz ist das Lehramt als letzte Glaubensinstanz der Kirche klar angesprochen. Allerdings, so wird gesagt, handle das Lehramt „in Treue zur heiligen Schrift und zur Tradition". Es fühlte sich in der Angelegenheit offensichtlich in vollem Einklang mit der Schrift. Gemeint ist hier das Wort Jesu über die Ehescheidung. Rom ist sich dessen so sicher, daß es dafür nur eine Bibelstelle, nämlich Mt 10, 11–12, und dazu noch in einer Fußnote zitiert. Mit anderen Worten, Rom läßt sich von vornherein gar nicht auf eine Diskussion über eines der dunkelsten Worte des Neuen Testamentes ein, das allein in den Evangelien in vierfach verschiedenen Fassungen überliefert ist und in der Geschichte der neutestamentlichen Bibelwissenschaften eine kleine Bibliothek an Forschungsarbeiten ausmacht.

Das aber ist ärgerlich. Es ist ärgerlich, einen Bibelvers ohne Rücksicht auf den Zusammenhang und auf eine lange Auslegungsgeschichte hin zu zitieren und wortwörtlich als eine für alle Zeit gültige Glaubenswahrheit auszugeben. Und noch schlimmer, aus einem Bibelzitat eines der drückendsten „Gesetze" des Kirchenrechts zu machen. Ein solches Vorgehen grenzt an fundamentalistisches Schriftverständnis. Was täte in diesem Falle not? Endlich auf die Stimme maßgeblicher

Exegeten zu hören, den Charakter der Forderung Jesu zu erkennen und jedenfalls aus Jesu Wort kein unhinterfragbares Gesetz zu machen. Es mutet schon eigenartig an, daß Kardinal Ratzinger, der die oben genannte Antwort der Glaubenskongregation unterschrieb, in einer Studie aus dem Jahre 1969 diese Forderung selbst erhob. Damals schrieb der frühere Theologieprofessor, in seinen Worten zur Ehe und Ehescheidung habe sich Jesus gegen die Gesetzesgerechtigkeit der Juden gewandt und eine neue Gerechtigkeit Gottes gefordert. Es wäre eine Verkehrung der eschatologischen Forderung Jesu hinsichtlich einer neuen Schöpfungsordnung der Ehe, daraus wiederum ein Gesetz zu machen. Das ist es aber in der Kirchengeschichte geworden, und gerade das wurde im Jahr 1994 von Rom bestätigt.

Und noch ein weiteres. Die Urkirche war sich der radikalen, wie gesagt eschatologisch um des Reiches Gottes willen vorgetragenen Forderung Jesu offensichtlich sehr bewußt. Was tun, wenn die Verhältnisse nicht ganz dem entsprechen, was Jesus gefordert hat? Es müssen pastoral gangbare Wege gefunden werden. Und gerade hinsichtlich des Scheidungsverbotes haben wir im Neuen Testament zwei wichtige Beispiele, wie die Urgemeinde auf eine radikale, offensichtlich kaum durchzusetzende Forderung Jesu geantwortet hat. Wir haben innerhalb der Worte Jesu zur Ehescheidung zweimal sogenannte Klauseln, wir nennen sie am besten Ausnahmeregelungen, und das nicht nur bei Mt 5,31 und Mt 19,9, sondern auch bei Paulus in 1 Kor 7,15. Diese Klauseln stammen sicher nicht von Jesus selbst, sondern aus der Zeit der frühen Kirche und geben bestimmte Ausnahmen von der Regel an. Diese Ausnahmeregeln sind sicher schwer zu begreifen. Aber es kommt uns hier nicht auf eine Exegese der fraglichen Stellen an, sondern allein auf die nicht zu leugnende Tatsache, daß selbst schon das Neue Testament nach gangbaren pastoralen Wegen suchte, um Jesu Willen zu erfüllen. Offensichtlich haben die drei deutschen Bischöfe nichts anderes getan.

Es sei zum Schluß nur noch betont, daß die pastorale Lösung des Evangeliums und des Korintherbriefes dem radikalen

Scheidungsverbot Jesu keinerlei Abbruch tat. Ebenso wird man das Wort der Bischöfe verstehen müssen. Sie wollen von der Botschaft Jesu kein Jota wegnehmen. Was sie wollten, ist eine pastoral vertretbare Antwort ins Gespräch bringen. Warum hat Rom wohl abgelehnt? Ehe und Familie, vor allem die Sexualmoral, ist in Rom offensichtlich vermintes Gebiet, das fundamentalistisch bewacht wird, wie wir oben gesehen haben. Hier kann nur Härte demonstriert werden.

VI. Islam und Fundamentalismus

Ende 1988 kündigte sich die Affäre um den britischen Schriftsteller indischer Abstammung und islamischer Herkunft Salman Rushdie und um sein Buch *Die Satanischen Verse* an. Die Imame des englischen Bradford, die die ersten öffentlichen Bücherverbrennungen veranstalteten, gehörten zum intellektuellen Kern einer islamistischen Gruppe, der „Djama'at-i-islami", gegründet von Abu l-A'la al-Maududi († 1979), einem fundamentalistischen Ideologen Pakistans. In ihren Augen war Rushdie, den man der Lästerung des Propheten beschuldigte, die beispielhafte Verkörperung eines Menschen muslimischer Herkunft, der gegen die von den Imamen erlassene Gemeinschaftsordnung verstoßen hatte. Das war die schlimmste Versuchung für die indisch-pakistanische Jugend in Großbritannien, die, wenn sie seinem Beispiel folgte, Gefahr lief, zu verwestlichen und, durch ihre „Gotteslästerung" und ihre „Abtrünnigkeit", sich der sozialen Kontrolle der Imame zu entziehen. Solange sich die Affäre auf Großbritannien beschränkte, war sie ein Test für die Fähigkeit der Imame, einem westlichen Staat politische Konsequenzen abzuringen: Sie forderten das Verbot des Buches, wofür sie im Gegenzug versprachen, die Unruhen in den Ghettos zu beenden.

Als sich Ayatollah Khomeini der Sache persönlich annahm, hatte er andere Ziele. Er ordnete die Ermordung des Schriftstellers Salman Rushdie an, den er der Gotteslästerung beschuldigte, weil er angeblich in seinem Roman den Propheten verunglimpft habe. Die iranische Politik versuchte zu diesem Zeitpunkt, ihre ideologische Führungsposition in der islamischen Welt zurückzugewinnen und die Niederlage gegen den Irak zu überwinden. Doch Khomeini hatte zu hoch gepokert. Großbritannien konnte das Todesurteil über einen seiner Bürger nicht akzeptieren. Diese spektakuläre Einmischung eines Mullah in die Angelegenheiten eines anderen Landes führten jedoch paradoxerweise dazu, daß sich islamische Bewegungen „von unten" der Sache annahmen und in den islamischen

Ländern zu ihrer machten. Die Rushdie-Affäre war der letzte Versuch des im Jahre 1989 verstorbenen Khomeini, den Dschihad auf internationales Terrain zu tragen. Mit Hilfe der aggressiven Anti-Rushdie Bewegungen setzte er die europäischen Staaten, in denen große muslimische Bevölkerungsgruppen leben, politisch unter Druck, indem er diese zu Gewalttätigkeiten anzustacheln suchte. Zugleich förderte er die Destabilisierung der Staaten des indischen Subkontinents, der Heimat Rushdies. Dort kam es bei Ausschreitungen zu zahlreichen Todesopfern.

Die Rushdie-Affäre stellt in unserer Sicht auf besonders anschauliche Weise einen fundamentalistischen Fall des Islam dar. Andere Erscheinungen des Islam, die wir verfolgen und fundamentalistisch einordnen, entziehen sich weitgehend unserem Verständnis. Aber auch zum Fall Salman Rushdies gehört offensichtlich die Unvereinbarkeit der Standpunkte: Der Westen kann und will das Todesurteil nicht hinnehmen und nicht begreifen. Die islamischen Befürworter zeihen dafür den Westen der Ignoranz des Islam und der einseitigen Parteinahme für einen Gotteslästerer. Hier gilt es, auf die religiösen Hintergründe zurückzukommen, um zu erkennen, warum der Islam sich in einer solchen Weise beleidigt fühlt, und zu verstehen, wo im Islam fundamental Tendenzen und Gefahren zum Fundamentalismus vorliegen. Damit ist jener „Fundamentalismus“ gemeint, den wir im Westen mit dem Namen verbinden. Dafür ist der Fall Rushdie in der Tat ein exemplarischer Vorgang. Denn auf dem Hintergrund spielt gewiß die schwelende Auseinandersetzung des Islam mit dem Westen eine bedeutsame Rolle. Gewiß sind bei der Angelegenheit auch eine Reihe politischer Faktoren im Spiel. Gewiß wurde die Affäre von gefährlichen islamistischen religiösen Gruppen gepusht. Das alles wird bei der Beschreibung des Fundamentalismus berücksichtigt werden müssen.

Im Fall Salman Rushdies geht es aber letztlich auch um eine grundsätzliche Auseinandersetzung der Religion des Islam hinsichtlich seiner Fundamente. Es geht also um ein Kapitel jenes „Fundamentalismus“, der originär zur Theologie des

Islam selbst gehört (usuliyun) und nicht mit dem agitatorischen und politischen Fundamentalismus vorschnell verwechselt werden sollte. Der Islam fühlt sich in seinen Fundamenten (usul) selbst angegriffen, vor allem dort, wo Salman Rushdie in den *Satanischen Versen* nach der Meinung der Theologen die Entstehung des Koran, die heilige Schrift, und die Persönlichkeit des Propheten Muhammed, ein hohes Gut der islamischen Tradition, diffamiert. Es gilt deshalb, im folgenden ein erstes Verständnis von Schrift (Koran) und Tradition (Sunna) im Islam zu gewinnen, um die Reaktion des Islam einschätzen zu können. Zuvor ist aber ein Blick auf den Islam als Religion zu werfen, auf eine Besonderheit des Islam, die nur aus der Geschichte zu begreifen ist, nämlich die frühe Identifikation von „Religion und Gesetz bzw. Staat (din wa daula)" und damit die nicht zu überschätzende Bedeutung des Religionsgesetzes (Sharia) im Islam. Sie hat dazu geführt, daß der Islam als Religion bisweilen geradezu mit der Formel Islam = Sharia gleichgesetzt wird. Damit haben wir aber entwicklungsgeschichtliche Vorgänge im Islam angesprochen, die nicht vergessen sind. Und das führt zu einer weiteren Besonderheit des Islam, nämlich der Rückwärtsgewandtheit des Islam zum Ideal des Anfangs.

1. Zurück zum Ideal des Anfangs

Der Islam ist seinem Ursprung nach eine prophetische Schau des Verhältnisses von Gott und Mensch. Im Koran wird Gott als die einzige Ursache der Welt beschrieben. Sein Antlitz ganz Gott zuwenden – im Koran häufig mit der Formel „aslama" wiedergegeben –, das ist die Handlung des Menschen, durch die er sein Heil sicherstellt. Dies ist „Islam" im ursprünglichen Sinn. Es ist Pflicht des zu Gott hin geschaffenen Menschen, sich seine ständige Gebundenheit an den Schöpfer zu vergegenwärtigen. Schuld lädt der Mensch auf sich, sobald er die täglich erfahrbare Tatsache vergißt, daß alles, was ihn umgibt und womit er sein Dasein fristet, von Gott ist. Wer sich so Gott zuwendet, dem wird sich auch der

Schöpfer zuwenden. Das durch den Islam gestiftete Verhältnis zwischen Mensch und Schöpfer ist ein solches der Gegenseitigkeit (s. auch T. Nagel, Islam, S. 87–99).

Der Mensch, der am vollkommensten dieses Gottesverhältnis lebte, ist für den Koran der Prophet Abraham. In Abschnitten, die kurz vor der Hedschra, d.i. der Umsiedlung Muhammeds von Mekka nach Medina, entstanden sind, tritt uns Abraham als der Prototyp des Muslims entgegen. Dort wird von der Errichtung einer heiligen Stätte in Mekka durch Abraham und Ismael erzählt und damit der Ort in der Geschichte der Menschheit verankert, wo zum ersten Mal die vollkommene Hinwendung des Menschen zu Gott mittels bestimmter heiliger Handlungen vollzogen wurde.

Freilich wurde dem Propheten Muhammed und seinen Anhängern nach der Hedschra, in Medina nämlich, diese Möglichkeit zunächst versperrt. Muhammeds ganzes Trachten ging deshalb dahin, sich mit politischen und militärischen Mitteln abzusichern. In diesem Lebensabschnitt des Propheten tritt das Gesetz stark in den Vordergrund. Jetzt galt: Wer den „Islam" vollzieht, erfüllt den Willen Gottes. Dieser Wille findet nun aber seinen Niederschlag vor allem in den einzelnen gesetzlichen Bestimmungen, nach denen die Gemeinschaft der Gläubigen zu leben und zu handeln hat. Das Gesetz etablierte sich in der medinensischen Periode des Wirkens des Propheten als das von Gott geschenkte Hilfsmittel zur Durchsetzung und Aufrechterhaltung des Islam im ursprünglichen Sinn. Der Triumph Muhammeds über seine Heimatstadt Mekka markiert wenige Jahre vor seinem Tod die Wandlung des Islam zu einer Gesetzesreligion. Die Durchführung der muslimischen Pilgerriten, deren Grundlagen nun im Koran festgesetzt werden, ist jetzt wieder – in Mekka – möglich. In diesen Zeremonien, die das Gottesverhältnis Abrahams und Ismaels nachvollziehen, wird der Islam ritualisiert. Von nun an ist der Weg frei für die uneingeschränkte Herrschaft des Gesetzes mit seiner Kasuistik über den religiösen und profanen Alltag der Muslime.

Halten wir das Zerbrechen des Kerns des Islam fest: Das ursprünglich als „Islam" bezeichnete prophetische Ideal des

Verhältnisses von Gott und Mensch geriet in den Prozeß der Veralltäglichung. Riten und Gesetze gewannen die Oberhand. Zum Islam gehörte man schließlich von Geburt an oder man trat ihm mit einem formalen Akt bei. Diese inneren Spannungen konnten dem Islam allerdings nicht gleichgültig sein. Und so hat sich die muslimische Theologie über drei Jahrhunderte nach der Hedschra mit viel Scharfsinn und Leidenschaft bemüht, aus dem Islam ein plausibles Ganzes zu machen. Das Ergebnis konnte nicht anders als in einer Harmonisierung der widersprechenden Aussagen des Koran und der Tradition bestehen. Dazu kam eine bedeutsame politische Komponente, d.i. der grandiose Triumph des islamischen Gemeinwesens. In Medina als dem Paradigma der islamischen Gemeinde war das Gesetz als Instrumentarium zur Aufrechterhaltung des Islam erkannt worden. Der atemberaubende politische Erfolg des islamischen Gemeinwesens, der schon wenige Jahre nach dem Tod des Propheten einsetzte, machte das Gesetz notwendigerweise zur Lebensmitte der Muslime. Der islamische Staat, an dessen Spitze der Kalif in der Nachfolge des Propheten stand und als Sachwalter der gottgewollten Ordnung auf Erden herrschte, erwies sich als erfolgreich.

Im 10. Jahrhundert n.Chr. hat sich schließlich der Islam als ein religiös-politisches System etabliert, in dem die drei Variablen, nämlich Gottesvorstellung, Deutung des Wesens des Menschen und Ordnung des Diesseits, einen scheinbar unerschütterlichen Gleichgewichtszustand erreichten: 1. Gott ist der einzige Ursprung des Seienden und der letzte Grund alles Geschehens. 2. Der Muslim ist sich dieser Tatsache stets voll bewußt und steht daher in der Gewißheit des Heils. 3. Das auf dem göttlichen Gesetz beruhende islamische Gemeinwesen ist die vollkommenste Ordnung schlechthin und als solche vom Propheten Muhammed vollständig kundgegeben und von ihm in der medinensischen Gemeinde verwirklicht worden.

Nun ist aber auch nicht zu verkennen, daß zwischen diesem religiös-politischen System des Islam und den tatsächlichen Verhältnissen in der islamischen Welt niemals eine Übereinstimmung bestanden hat. Schon die frühe Geschichte kennt erbitterte Bürgerkriege. Bereits dreißig Jahre nach dem Tod Muhammeds war die Einheit des Islam für immer verspielt. Theoretisch verkörperte der Kalif als Nachfolger des Propheten die religiös-politische Autorität im Gemeinwesen. Doch gab es im 10. Jahrhundert bereits drei Kalifate, die sich für ausschließlich und in der rechten Nachfolge als legitim erklärten: die Abbasiden in Bagdad, die Fatimiden in Kairo und die Omaijaden in Andalusien. Aber auch die Kalifen konnten ihren Herrschaftsanspruch in ihren Bereichen kaum absolut durchsetzen. Überall setzten sich aus Söldnergruppen hervorgegangene Emirgeschlechter als regionale Machthaber durch. Auf die politischen und kriegerischen Entwicklungen zwischen diesen fast immer im Streit miteinander liegenden islamischen Parteien, ihrem Aufstieg und Fall durch die Jahrhunderte, kann hier nicht eingegangen werden. Etwas anderes ist für unser Thema von großer Bedeutung: Es mag verständlich werden, daß das ganze islamische Sinnen und Trachten bis heute von einer rückwärts gewandten Utopie in Bann geschlagen wird. Sie zehrt davon, daß die ideale Ordnung, das nach dem göttlichen Gesetz geregelte Gemeinwesen, einst – zur Zeit des Propheten – Wirklichkeit gewesen ist. Die idealisierte Frühzeit der islamischen Gemeinde wurde den Späteren, den Muslimen, zur historischen Realität – zu einer verpflichtenden Realität, zum Idealbild auch für die Gegenwart. Denn die Verhältnisse, wie sie in der Geschichte jeweils tatsächlich waren, bildeten bestenfalls ein Zerrbild des vermeintlich goldenen Zeitalters der prophetischen Urgemeinde.

So verwundert es nicht, daß wir schon bald fundamentalistische Tendenzen im Islam feststellen können. So etwa am Ende des 10. und zu Beginn des 11. Jahrhunderts. Die politische Krise, die den faktischen Zerfall des Abbasidenkalifats brachte, ist mit einer geistigen Krise verbunden; es machte sich eine pessimistische Grundstimmung breit. Noch einmal, und zwar für immer, Gewißheit gewinnen über Weg und Ziel des Islam, das ist das Bemühen des großen sunnitischen Denkers des 11. Jahrhunderts al-Mawardi. Der Traum von der universalen islamischen Ordnung, repräsentiert durch das Kalifat, wurde immer unwirklicher – al-Mawardi spürte dies. Die Ordnung ließ sich nicht einfach restaurieren. Trotz allem die gottgewollte Ordnung festzuhalten und glaubhaft zu machen, wird nun bei diesem Theologen und später zum steten Ansporn des islamischen Denkens. Es bedurfte der Umdeutung der Wirklichkeit und der Evozierung des frühen islamischen Idealzustandes. Bei näherem Zusehen tritt uns bereits bei al-Mawardi ein Denken entgegen, das die typischen Denkmuster verrät, die für den islamischen Fundamentalismus bis heute kennzeichnend geblieben sind.

In einer kurzen Zusammenschau kann man feststellen: Das fundamentalistische Denken des Islam ist das Ergebnis tiefer Krisen. Es zeigte sich in Ansätzen bereits im 10. und 11. Jahrhundert und wurde nach der geschichtlichen Katastrophe des Mongoleneinfalls im 13. Jahrhundert von einem überragenden Denker wie Ibn Taimija zu einem Ganzen verschmolzen. Die Funktion des Fundamentalismus besteht nun darin, in Zeiten äußerster Bedrohung der islamischen Welt seine drei fundamentalen Wahrheiten wieder ins Gleichgewicht zu bringen, die da sind: Gott ist der einzige Ursprung alles Seienden – daher die seither sich durchsetzende beständige Verwerfung der Philosophie. Der Muslim soll zum spontanen und ungebrochenen Glauben der Altvorderen zurückkehren und sich nicht vom Glanz der Neuerungen blenden lassen. Nur bei unbestrittener und universaler Geltung des göttlichen Gesetzes kann es ein islamisches Gemeinwesen im vollen Sinne geben. Die radikale Wiederherstellung der idealisierten Verhältnisse der Urgemeinde garantiert die Überwindung der Krisen, in die die islamische Welt immer wieder geraten ist. Im folgenden soll diese Entwicklung an einigen fundamentalistischen Kernpunkten des Islam verdeutlicht werden.

2. Der Koran ist unantastbar

Die *Bibel* ist in einem Zeitraum von mehr als tausend Jahren entstanden. Beim *Koran* waren es nur etwa zwanzig Jahre. Seine Aussagen stammen aus dem Munde eines einzigen Mannes. Um 612 n. Chr. wird der vierzigjährige Muhammed sich seiner Berufung bewußt, den Arabern den Glauben an den einen Gott und die Bruderschaft aller Gläubigen zu verkünden. Er wird nicht sofort anerkannt. Erst um 622, als er mit einer kleinen Gruppe nach Medina, 550 km nördlich von Mekka, gezogen war, findet Muhammed wirklich Anerkennung. Als er 632 starb, hatte sich der größte Teil der arabischen Halbinsel der neuen muslimischen Gemeinschaft angeschlossen. Seine Jünger hatten angefangen, die mündliche Botschaft Muhammeds aufzuzeichnen. Rund 20 Jahre nach Muhammeds Tod lag der Koran in allen Stücken fest (s. auch G.W. Scheiber, Fundamentalismus, S. 63–88).

In literarischer Hinsicht bildet der Koran eine größere Einheit als die Bibel. Die Bibel kennt viele literarische Gattungen: Prophetien, historische Bücher, religiöse Lieder, Briefe und Gebete. Der Koran kennt nur – außer drei Gebeten – prophetische Aussagen: nur das, was Allah dem Propheten offenbarte, ist niedergeschrieben worden. Jede Erklärung, Erläuterung oder historische Hintergrundinformation fehlt. Der im Koran spricht, ist eigentlich Gott selbst, der nur in der „Wir-Form" redet – ähnlich dem Alten Testament, wo die Propheten sagen: „So spricht der Herr ...". Würde diese Form etwa Kriterium des Neuen Testamentes sein, dann fielen die Rahmenerzählungen der Evangelien, die Apostelgeschichte, die Briefe oder auch die Offenbarung des Johannes weg. Es würden nur noch die Aussagen Jesu übrigbleiben, und von denen nur die, welche eine unmittelbare Offenbarung Gottes zum Inhalt haben. Das Ganze würde nur noch einige wenige Seiten umfassen.

Das heißt aber nicht, daß der Koran inhaltlich eine feste Einheit bildet. Die Verschiedenartigkeit ist sehr groß. Die ersten Jahre sind gekennzeichnet durch eindringliche prophetische Aufrufe zur Bekehrung. In den letzten Jahren mußte Muhammed für die Gemeinde von Medina mehr praktische Regeln und rechtliche Vorschriften erlassen. Hier treffen wir dann auch auf Hinweise auf frühere Propheten oder Beschreibungen einer früheren religiösen Praxis. Die literarische Form bleibt jedoch immer dieselbe: es ist Gott, der persönlich zum Menschen spricht.

Um den Koran zu begreifen, muß man sprachlich und historisch größere Probleme überwinden als beim Lesen der Bibel. Zunächst einmal ist die historische Situation zur Zeit Muhammeds nicht ganz klar. Das erschwert die Auslegung des Textes. Die erste arabische Grammatik wird offiziell erst nach der Entstehung des Korans festgelegt. Er selbst ist eigentlich die Quelle für die Regeln der arabischen Sprache. Zudem sind die einzelnen Suren des Koran nach ihrer Länge und nicht nach dem historischen Zusammenhang geordnet. Die kürzeren und wohl älteren Teile stehen am Ende, die längeren, jüngeren Absätze vorn. Aber jede Erläuterung fehlt. Das alles macht es Nicht-Arabisten schwer, den Koran und seine Bedeutung zu erfassen.

Im Unterricht nahm der Koran stets eine zentrale Stelle ein. Mit diesem Text lernt man Lesen und Schreiben, lernt man die Grammatik, aber auch die Ordnung der Gesellschaft und des Alltags. Den Koran zu kennen ist kostbarer Besitz, um so mehr, weil für den Islam der Koran das geoffenbarte Wort Gottes ist. Jedes Wort, jeder Buchstabe ist von Gott geoffenbart und diktiert. In diesem Buch liegt alles fest. Aber es gibt letztlich keine Autorität, die den Text authentisch auslegen könnte. Diese Idee der Offenbarung ist dem Christentum im Laufe der Zeit nicht ganz fremd gewesen. Allerdings liegt sie dem heutigen christlichen Verständnis der Heiligen Schrift fern – mit Ausnahme der christlichen Schriftfundamentalisten. Andererseits haben die Interpretationsmöglichkeiten der christlichen Theologie im Islam kaum Anklang gefunden.

Theologisch nennen wir ein solches Schriftverständnis Verbalinspiration. Die Gefahren und Tendenzen der Verbalinspiration für ein fundamentalistisches Schriftverständnis haben wir bereits oben für das Christentum charakterisiert. Diese Tendenzen und Gefahren treten nun im Islam sozusagen konstitutiv auf. Die Auseinandersetzung um Salman Rushdie hat das sehr deutlich zutage gefördert.

Freilich sehen die islamischen Theologen das anders. Zum Vorwurf des Fundamentalismus hinsichtlich des Koran sei ein längeres Zitat des Islamisten Mehdi Razvi angeführt:

„Nach einigen Jahrhunderten des geistigen und kulturellen Rückstandes stehen die islamischen Völker heute wieder hoffnungsvoll an der Schwelle eines neuen Zeitalters. Die Träger dieser weltweiten spirituellen Erneuerung werden vielfach in den westlichen Medien als islamische Fundamentalisten bezeichnet und als religiöse Extremisten abgestempelt. Ihnen wird allerlei Negatives und Böswilliges unterstellt, zum Beispiel, daß sie das Rad der Geschichte zurückdrehen wollen. Es wäre besser, wenn wir solche irrigen Behauptungen durch mehr zutreffende Vorstellungen ersetzen könnten.

Niemand wird bestreiten wollen, daß jede echte innere religiöse Erneuerung ihre eigenen historischen Wurzeln wiederentdecken muß. Daher ist es für uns Muslime sehr wichtig, daß wir zu unseren spirituellen Quellen, d.h. zum heiligen Qur'an, dem prophetischen Beispiel des Hazrat Muhammad (Friede Gottes über ihn und seine Nachkommen), dem historischen Konsens der anerkannten Gelehrten und den ethischen Grundwerten unserer nunmehr fast anderthalbtausend Jahre alten Kultur zurückkehren.

Der heilige Qur'an ist für uns Muslime die letzte Offenbarung und das an uns alle gerichtete Wort Gottes. Seine Lehren und Gebote sind für uns überall und heute noch verbindlich. Als aufrichtige Muslime fühlen wir uns auch verpflichtet, sie vorbehaltlos zu bejahen und nach unseren Möglichkeiten zu verwirklichen.

Der heilige Qur'an lehrt uns im 21. Vers der 33. Sure: ‚Wahrlich, ihr habt an dem Gesandten Gottes ein schönes Vorbild für jeden, der auf Gott und den Jüngsten Tag seine Hoffnung setzt und Gottes häufig gedenkt'.

Seit je haben die Muslime in dem Propheten Muhammed ihr höchstes menschliches Ideal gesehen. Sie haben immer versucht, in allen Lebenslagen seinem Beispiel zu folgen.

Die Auslegung des Qur'an und der Sunna des Propheten durch die allgemein anerkannten und kompetenten Gelehrten beruhen auf Vernunft und Glaubenserfahrung. Sie haben sich stets bemüht, durch Jahrhunderte hindurch die zeitlose Substanz der islamischen Religion zu bewahren und entsprechend den wechselnden Bedingungen die notwendigen Veränderungen einzuleiten.

So verstanden, wäre es irrig zu behaupten, daß die heutigen Träger der islamischen Erneuerung das Rad der Geschichte zurückdrehen wollen. Sie möchten nur die zukunftsorientierten Ideale des Islam verwirklichen." (Aus: CIBEDO 1987, S. 139)

3. Sharia – Religion total

Im Islam ist nicht nur der Koran fundamental, sondern auch die Tradition, die sogenannte „Sunna". Der Koran selbst wird ergänzt durch die Lebensbeschreibung des Propheten (Sira) und durch die Überlieferung von Aussagen Muhammeds, soweit diese als authentisch gelten können (Hadith) („gesund" in der Fachsprache). Aufbauend auf diesen drei Quellen und ausgelegt von Gelehrten ist ein großes Gebäude des Gottesgesetzes entstanden, ähnlich wie im Judentum, das seit dem 10. Jahrhundert besteht, in Einzelheiten freilich auch heute noch weiter ausgebaut werden kann (Sharia). In seiner vollen Ausbildung umfaßt dieses Gottesgesetz ganze Bibliotheken. Nur ein Gelehrter, der dieses Gottesgesetz über Jahre studiert hat, kann den Anspruch erheben, sich wirklich darin auszukennen, die Kommentare dazu und ihre Überlieferungen zu verstehen (s. auch A. Hottinger, Gottesstaat, S. 134–139).

Für den Islam ist noch ein weiteres entscheidend, wie wir bereits angedeutet haben. Die Sharia ist ja zunächst das Religionsgesetz. Es gehört aber zu den folgenschwersten Prinzipien islamischer Glaubenstradition, das Religionsgesetz mit dem normativen Recht islamischer Gemeinschaft, d.i. der Gesellschaft, der Politik und des Staates, zu identifizieren: „din wa daula (Religion und Staat)". Schon der Koran als Glaubenstext erhebt den unmittelbaren Anspruch, mit seinen Forderungen eine religiöse und zugleich gesellschaftliche Form von Gemeinschaft zu verordnen. Das Resultat ist die nahtlose Verquickung von Religion und Politik im Islam. Die Sharia in dieser Form ist wohl jenes Moment, das den Islam am meisten charakterisiert. Der Islamologe J. Schacht nennt die Sharia aus diesem Grunde „den eigentlichen Wesenskern des Islam".

Aus dieser Tatsache folgt eine einzigartige Verschmelzung von religiöser und staatlicher Ordnung, die sich historisch in der Ausbildung des hochdifferenzierten Rechtssystems, der Sharia, niedergeschlagen hat. „Sharia" bedeutet zunächst Weg, und meint ursprünglich den Weg zur Wasserstelle. Wie sehr das Rechtssystem der Sharia alle anderen islamischen Vorstellungen dominiert, geht schon aus der juridischen Sprache hervor: Das arabische Wort „fiqh" bedeutet seinem Ursprung nach ganz einfach „Wissen". Da die Jurisprudenz von den Muslimen aber als Wissen par excellence angesehen wird, hat sich das Wort zum Terminus technicus für die Rechtswissenschaft überhaupt entwickelt. Eine ähnliche Begriffsentwicklung hat das Wort „'alim" erfahren. „'Alim" bezeichnet von der Wortbedeutung her den „Wissenschaftler" (von „'ilm" = „Wissenschaft"). Der Plural „'ulama'" bezeichnet nun im zeitgenössischen Islam den Stand der muslimischen Geistlichkeit, d.h. den Klerus im weitesten Sinne. Die islamischen Geistlichen (Imame u.a.) verstehen sich selbst zunächst nicht als Theologen, sondern vielmehr als Rechtsgelehrte.

Durch diese Vorrangstellung des islamischen Rechtes (Sharia) etwa vor der Theologie (kalam) gewinnt die fundamentalistische Forderung, die Sharia wieder zum einzig geltenden Recht zu erklären, eine eminente Bedeutung für das Verhältnis von Religion und Gesellschaft. Mit anderen Worten ist es für den Islam undenkbar, daß die Religion nur in einem Teilbereich des gesellschaftlichen Lebens Geltung habe, sondern sie bestimmt und kontrolliert alle Bereiche des

Staates. Der Anspruch der Fundamentalisten auf die wirkliche politische Autorität hat in fast allen islamischen Staaten nach dem Zweiten Weltkrieg zu heftigen innenpolitischen Diskussionen geführt. Fast alle islamischen Staaten haben die Auseinandersetzung um die Wiedereinführung der strengen Sharia-Gesetze erlebt.

Sharia ist ein System. Der Gedanke vom Islam als „System" wurde zuerst von dem indischen, später pakistanischen Fundamentalistenführer Abu l-A'la Maududi (1903–1979) ausführlich entfaltet. Auch der Ägypter Hasan al-Banna (1906–1949), der Gründer der Muslimbruderschaft, propagierte die Durchsetzung der Ordnung oder des Systems des Islam. Sein Landsmann Sayyid Qutb (1906–1966), auf den die Programmatik des linken Flügels der Muslimbruderschaft großenteils zurückgeht, arbeitete dann im Anschluß an ihn und Abu l-A'la al-Maududi die Idee vom „islamischen System" noch näher aus.

Alle zeitgenössischen islamischen Fundamentalisten insistieren auf der Durchsetzung einer umfassenden Ordnung des politischen, sozialen und individuellen Lebens. Weiter verfechten sie durchweg ein integralistisches Religionsverständnis. Ihm zufolge ist der Islam ein vollkommenes System, das sämtliche Belange des menschlichen Lebens erschöpfend und unüberholbar gut regelt. Dieses System gewährleistet ihrer Darstellung nach bei konsequenter Anwendung automatisch die bestmöglichen politischen und sozialen Zustände und führt insbesondere völlige soziale Gerechtigkeit und optimale Prosperität für jedermann herbei. Über die konkreten Institutionen und Prozeduren, mit denen es dies angeblich leistet, machen sie allerdings im allgemeinen nur auffällig vage Angaben. Sie malen zwar mit großer Leidenschaft den idealen Zielzustand aus, der in diesem islamischen System angeblich erreicht werden soll, verwenden aber wenig Energie auf die exakte Diagnose der realen Gegenwartsprobleme, die mit ihm überwunden werden sollen. Eingehender diskutiert wird allenfalls noch die taktische Frage, ob zuerst die wahrhaft islamische Gesellschaft und dann der islamische Staat angestrebt werden soll oder umgekehrt. Die Art ihrer Beantwortung markiert die Grenzlinie zwischen den gemäßigteren Fundamentalisten, die darauf hoffen, ihre Glaubensgenossen in größerem Maßstab durch Überzeugungsarbeit zu ihrer Auffassung von den Erfordernissen des Islam bekehren zu können, und den radikaleren, die diese ihre Auffassung am liebsten so rasch wie möglich mit politischen Zwangsmitteln durchsetzen möchten. Das Geschichtsbild der islamischen Fundamentalisten ist durchweg von einer „rückwärts gewandten Utopie" gekennzeichnet: Sie hegen die Vorstellung, die von ihnen erstrebten islamischen Zustände seien im Prinzip im Urislam, d.h. zu Zeiten des Propheten und seiner Gefährten, schon verwirklicht gewesen und müßten nun wiederhergestellt werden (s. auch R. Wielandt, Fundamentalismus, S. 46–66).

Die islamischen Fundamentalisten nehmen dieses Gottesgesetz so ernst wie möglich und wollen es so vollständig wie möglich erfüllen. Die meisten Fundamentalisten gehen so weit zu sagen: die Sharia ist der Islam. Es kommt ihnen vor allem darauf an, sie so genau wie möglich zu erfüllen. Die Anwendung der Sharia auf die Einzelfälle des konkreten Lebens ist nur einem Gottesgelehrten (Alem, pl. Ulema) möglich, der sich mit ihr – mit ihrer arabischen Sprache und ihren Grundlagen, Texten, Überlieferungen – über Jahre beschäftigt hat. Daraus hat etwa Khomeini den Schluß gezogen, die Gottesgelehrten müßten in einem islamischen Staat wie dem Iran regieren, nicht irgendwelche Könige oder andere Herrscher. Dieser Grundsatz ist in der Iranischen Verfassung verankert, die vorsieht, die oberste Instanz im Staat einem Walih Faqih, einem herrschenden Rechtsgelehrten, zu übertragen.

Der islamische Fundamentalismus bezieht sich also nicht nur auf das Verständnis des Korans, sondern ebenso auf das gesamte Gebäude der Sharia, des im Frühmittelalter auf der Basis des Koran formulierten Gottesgesetzes. Dieses wird als festes, unabänderliches Gottesgebot verstanden; wer sich ihm unterstellt, ist Muslim; wer sie zurückweist, gehört nicht zur Gemeinschaft der Gläubigen.

Die Sharia regelt nicht nur Kultfragen und Moral. Sie enthält auch die konkreten Bestimmungen für den Geschäftsverkehr, das Familienrecht, Erbschaft und Scheidung, Kleidung und Umgangsformen, Nahrung und persönliche Hygiene u.v.a.m. Hierher gehören auch die allgemein bekannten Bestimmungen über den Status der Frau, das Verbot von Schweinefleisch- und Alkoholgenuß, und was sonst noch im Bewußtsein des Durchschnittseuropäers typisch islamisch ist. Die Sharia erhebt darüber hinaus den Anspruch, im wirtschaftlichen und im politischen Bereich eine gesetzliche Ordnung bis in alle Einzelheiten niederzulegen. Sie gilt den Fundamentalisten als Gottes Gebot und kann daher in keiner Hinsicht umgangen oder verändert werden.

In den Kodex der Sharia gehören vor allem auch die berühmten Hudud-Strafen, wie Steinigung bei Ehebruch, Handabschneiden für Diebstahl usw. Dazu gehören auch die Prozeßregeln der Sharia, die amtliche Zeugen vorsehen, Einheitsrichter, aber keine Appellationsinstanzen kennen. Die Sharia regelt auch den Umgang mit Andersgläubigen. Christen und Juden, die „Leute des Buches", genießen im allgemeinen eine besondere Toleranz; sie gelten als Schutzbefohlene (Dhimmi). Sie sind nicht rechtlos, aber doch den wahren Gläubigen unterlegen und untergeben. Auch die Position der Frau, die „halb soviel gilt wie ein Mann", ist in der Sharia für immer festgelegt und kann – nach Ansicht der Fundamentalisten, aber auch der Fundamentalistinnen – nicht geändert werden.

Auf ihre eigene Weise fundamentalistisch sind Gruppen oder Persönlichkeiten, die nur Teile der Sharia und sogar des Koran für fundamental ansehen. So etwa der libysche Präsident Ghaddafi. Er liegt deshalb mit den anderen muslimischen Fundamentalisten, den Muslim-Brüdern, in ständigem Streit. Ghaddafi weigert sich, die ganze Sharia als Islam zu betrachten. Er geht sogar soweit, daß er nur Teile des Korans als fundamental anerkennt. Er hat über den Koran und die Sharia hinausgreifend eine Sozialordnung erfunden, die er in den drei *Grünen Büchern* niedergelegt hat und die er als universal, über den Islam hinausgehend, verstanden wissen will. Ihr Kernstück ist die sogenannte „direkte Regierung der Massen durch die Massen" unter Vermeidung jeder Repräsentation.

In Libyen wurden 1972 die drastischen Kapitalstrafen des islamischen Rechts, wie z. B. Handabhacken für Diebstahl, wieder eingeführt. In Pakistan leitete ab 1977 Zia ul-Haq mit saudiarabischer Finanzhilfe eine rigorose Islamisierungspolitik ein. Im Sudan führte Numeiri 1983 die Sharia ein; nach seinem Sturz wurde sie zwar wieder abgeschafft, doch wegen der Forderung einer starken Oppositionsgruppe, sie erneut in Kraft zu setzen, und zwar ungeachtet der besonderen Problematik, die dieser Akt angesichts der großen christlichen Minderheiten im vom Bürgerkrieg geschüttelten Süden des Landes hätte, ist es inzwischen wieder zu schwerwiegenden innenpolitischen Konflikten gekommen.

4. Aufstand des Islam gegen den Westen

Was die neuzeitlichen fundamentalistischen Reformbewegungen durchgehend motiviert, ist die Auseinandersetzung mit der westlichen Zivilisation. Das war vom Westen lange Zeit nicht bemerkt worden. Denn früher waren die Eliten der orientalischen Länder westlich gebildet und eiferten der westlichen Zivilisation nach. Die sogenannten Säkularisierungen der Türkei oder des Iran der Schah-Pahlewi-Dynastie legte oberflächlicheren Beobachtern nahe, die islamischen Länder würden sich über kurz oder lang der westlichen Weltzivilisation einfügen. Wie voreilig diese Schlüsse gewesen waren, ist seit einigen Jahren nur zu deutlich zum Vorschein gekommen: Der Geist der westlichen Kultur geriet nach und nach in die Rolle des alleinigen Sündenbocks für alle Mißstände der islamischen Welt (s. auch Bassam Tibi, Krise u. a.).

In den letzten Jahren ist nur zum Ausbruch gekommen, was seit langer Zeit schon virulent war. „Die Rolle des weißen Mannes ist ausgespielt!" verkündete Sayyid Qutb, einer der führenden Köpfe der Muslimbrüder in den 50er Jahren in einer Kampfschrift, die den Titel trägt *Die Zukunft gehört dieser Religion* (*al-Mustaqbal li-hada d-din*). Die Leistungen des westlichen Menschen, so heißt es in dem Buch, seien glanzvoll und haben die Menschen geblendet. Doch in Wahrheit sei alles nur Schein, Ausgeburt eines verdorbenen, ja widergöttlichen Menschentums. Deshalb sei der westlichen Zivilisation auch kein Bestand vergönnt; das wahre, das islamische Menschentum und seine ethischen und materiellen Werte stünden kurz vor dem Sieg.

Gegen die schlimmsten Folgen dieser Fehlentwicklung, so Sayyid Qutb weiter, nämlich gegen Kreuzfahrertum, Imperialismus, Zionismus, Materialismus habe der Islam bis heute einen heldenhaften Kampf geführt: „Der Islam kämpfte ganz auf sich selbst gestellt, denn das Element der Stärke ist latent in ihm vorhanden ... Es ist darin verborgen, daß der Islam für die Menschheit paßt und ihren wirklichen Bedürfnissen entgegenkommt; verborgen in der Tatsache, daß er sich über die Knechtung des Menschen durch den Menschen erhebt und diesen allein Gott, dem Herrn, unterwirft; daß der Islam von niemandem als von Gott Belehrung annimmt; verborgen auch darin, daß er seine Anhänger vor üblen Begleiterscheinungen (d. h. des autonomen menschlichen Geistes) wie der Unterwerfung unter die Herrschaft eigenmächtiger Usurpatoren bewahrt... Denn solche Herrschaft bleibt stets außerhalb des Wirkungsbereiches des Gewissens, wie stark ihr Druck auch werden mag. Daher gibt es (trotz der zeitweiligen Vormachtstellung westlicher Kultur und Politik) keine geistige Niederlage, solange der Islam Herz und Gewissen beherrscht, mag sich auch bisweilen eine äußere Niederlage zutragen!"

5. Islamismus, Nationalismus, Arabismus

Der Islam kennt keine Trennung von Religion und Staat. Im Gegensatz zum Christentum etwa war die Bewegung des Islam immer auch zugleich mit staatlicher Herrschaft verbunden. Schon unter dem Propheten Muhammed konnte der Islam auf ein stattliches Imperium schauen, das sich dann unter den ersten Nachfolgern gewaltig ausdehnte. Der Prophet Muhammed hat Schlachten gewonnen und Herrschaftsformen errichtet, die vorbildlich geworden sind, in das islamische Gesetz eingingen und ebenfalls unabänderlich sind. Je fundamentalistischer die Einstellung eines Muslim ist, umso mehr hält er daran fest. Die muslimischen Fundamentalisten kehren gerne die staatliche Dimension des Islam hervor. Weil der Islam zur Zeit des Propheten und seiner Nachfolger eine Art Gottesstaat war, sind sie der Ansicht, dieser Gottesstaat auf der Grundlage der Sharia müsse wieder errichtet werden. Sie glauben, nur in einem solchen Staat, wie Gott ihn vorschreibe, könnten die Muslime ganz ihre eigene Bestimmung leben.

Damit ist aber eines der Grundprobleme der islamischen Fundamentalisten aufgeworfen. Sie erheben den Anspruch auf der Grundlage eines Gesetzes aus dem 10. Jahrhundert, das viele Züge seiner Zeit an sich trägt, einen Gottesstaat aufzubauen, der nicht nur von bleibender Gültigkeit sein soll, sondern per definitionem auch als der Staat, den Gott will, allen anderen Staaten überlegen sein müßte. Wenn er es in der Praxis nicht ist, kann das nur darauf zurückgeführt werden, daß man das Gesetz Gottes nicht entschlossen genug, nicht streng genug befolgt hat. Aber die Vorkämpfer des islamischen Fundamentalismus, wie die iranischen muslimischen Revolutionäre, sprechen ungeschützt von „unserer islamischen Ideologie“. Sie meinen damit ein Ideengebäude, das ihnen, ihren Erwartungen nach, unvermeidlich Erfolg, Macht, kulturelles Aufblühen, die erste Stelle unter den Völkern der Welt bringen muß. Einzige Voraussetzung dafür sei nur, daß man die Sharia gründlich genug befolge.

6. Fundamentalistische Gruppen und Bewegungen

Die islamischen Reformbewegungen, die etwa seit den 80er Jahren des vorigen Jahrhunderts in Erscheinung traten, nährten sich fast ausschließlich von fundamentalistischem Gedankengut. Diese Tatsache wurde im Westen kaum registriert. Sie kam auch erst in den letzten Jahrzehnten deutlich zum Vorschein.

- Schon um die Jahrhundertwende lassen sich im Osmanischen Reich fundamentalistische Tendenzen nachweisen, wenig später in der sogenannten salafitischen, d.h. die Rückkehr zum Islam der „rechtschaffenen Altvorderen", genau gesagt der Prophetengefährten, fordernden Bewegung, die maßgeblich durch Raschid Rida, den in traditionalistische Denkformen zurückgefallenen Schüler des berühmten Reformtheologen Muhammed 'Abduh, angeregt wurde.
- Über Jahrzehnte hin war dann die 1928 in Ägypten gegründete, später auch in anderen arabischen Staaten heimisch gewordene Massenorganisation der Muslimbruderschaft der wichtigste Stoßtrupp solcher Tendenzen.

Einige der wichtigsten Bewegungen des heutigen islamischen Fundamentalismus seien nur genannt (nach A. Th. Khoury, Fundamentalismus, S. 276):

- Al-Ikhwan al-Muslimun (die Muslimbruderschaft): Die Muslimbruderschaft wurde 1928 in Ägypten von Hasan al-Banna (1906–1948) gegründet. Er prägte die Formel, die als Grundlehre der Bruderschaft gelten kann: „Der Islam ist eine umfassende Ordnung, welche alle Aspekte des Lebens einbezieht: Staat und Vaterland, Regierung und Volk, Moral und Macht, Gnade und Gerechtigkeit, Wissenschaft und Recht, materiellen Besitz, Erwerb und Wohlstand, Einsatz und Gebet, Glaubenslehre und Verehrung".
- Djama'at-i-islami (die Islamgemeinschaft): in Pakistan von Abu l-A'la al-Maududi (1903–1979) begründet.
- Anhänger der Islamischen Revolution im Iran.

Daneben gibt es Gruppierungen, die durch ihren Extremismus und ihre Militanz auffallen. Sie stehen entweder der Muslimbruderschaft oder der Islamischen Revolution im Iran nahe:

- Al-Takfir wa Hidjra (Bezichtigung [der anderen] des Unglaubens und der Auswanderung): Diese Gruppe ist noch radikaler als alle anderen. Sie ist ebenfalls in Ägypten entstanden. Sie hält alle anderen, auch die Muslime und ihre Regierenden in der islamischen Welt, für Menschen, die dem Islam untreu geworden sind: Sie sind Abtrünnige, Ungläubige, die eine Gefahr für den rechten Islam bilden. Daher seien die aufrechten Muslime verpflichtet, zu ihnen auf Distanz zu gehen, sich von ihnen abzusetzen, auszuwandern, wenigstens in die innere Auswanderung zu gehen.

- Djund Allah (Truppen Gottes)
- Al-Djihad (Heiliger Krieg)
- Tanzim al-Djihad (Organisation des Heiligen Krieges)
- Al-Amr bil-ma'ruf wal-nahy 'an al-munkar (Das Rechte gebieten und das Verwerfliche verbieten)
- Tawaqquuf wa tabayyun (Innehalten und sich vergewissern)
- Al-Djam'iyya al-shar'iyya (Die gesetzestreue Gemeinschaft)
- Al-Qutbiyyun (Anhänger von Qutb)
- Iranhörige Milizen wie Hizb Allah (Partei Gottes), Al-Djihad al-islami (Der Heilige Krieg) u.a.

Seit den späten sechziger Jahren freilich sind fundamentalistische Vorgänge in fast der gesamten islamischen Welt in bisher nicht dagewesener Häufung registriert worden und haben dort das politische Leben entscheidend mitgeprägt. Hier seien nur beispielhaft einige Vorgänge genannt, in denen diese sich manifestierten:

- In den innenpolitischen Auseinandersetzungen der Türkei konnte sich die 1973 gegründete fundamentalistische „Nationale Heilspartei“ mehrfach zum Zünglein an der Waage machen; nach dem Militärputsch von 1989 wurde sie zwar verboten, aber inzwischen hat sie eine Nachfolgeorganisation; und noch dazu schloß die türkische Staatsführung seither spürbare Kompromisse mit religiös restaurativen Kräften.
- In Pakistan leitete ab 1977 Zia ul-Haq mit saudiarabischer Finanzhilfe eine Islamisierungspolitik ein, und zwar gestützt auf die Kaderpartei „Dschama'at-i islami“, die von einem führenden Ideologen des zeitgenössischen islamischen

Fundamentalismus, dem 1979 verstorbenen Abu l-A'la Maududi, gegründet worden war.

- In Iran fegte die islamische Revolution von 1979 unter Führung von Ayatollah Khomeini das Regime des Schahs hinweg und etablierte die Republik Iran.
- In Ägypten, wo die fundamentalistische Opposition seit Beginn der 70er Jahre beträchtliche politische und rechtliche Zugeständnisse erhalten hatte und militante Fundamentalistenorganisationen schon mehrfach durch spektakuläre Gewalttaten auf sich aufmerksam gemacht hatten, fiel 1981 Präsident Sadat einem fundamentalistischen Mordanschlag zum Opfer.
- In Algerien mit der derzeit stärksten Islamistenpartei FIS (Islamische Heilsfront) setzten sich die Radikalen um den Imam Ali Belhadj durch.
- In Tunesien behielt der Extremistenflügel unter Führung von Rashed Al-Ghannushi die Oberhand. Tunesien und Marokko erlebten in jüngster Vergangenheit mehrfach soziale Unruhen mit fundamentalistischem Hintergrund.
- Im Sudan übt die NIF (Nationale Islamische Front) unter Dr. Hasan At-Turabi die Macht aus.
- Schiitische Fundamentalisten aus dem Libanon machten als selbsternannte „Partei Gottes" (Hizbollah) wiederholt mit Terrorakten von sich reden.

Die fundamentalistischen Bewegungen und Gruppen der zeitgenössischen islamischen Welt, von denen einige ihren Einfluß in politischen Ereignissen wie den genannten besonders augenfällig demonstrieren konnten, haben kein einheitliches organisatorisches Zentrum und weichen in Einzelheiten ihrer Anschauungen oft beträchtlich voneinander ab. Gleichwohl sind sie durch weitgehend gemeinsame Grundüberzeugungen und Haltungen verbunden.

7. Beispiel: Dschihad

Sehr aktuell ist natürlich die Diskussion um den Begriff des „Heiligen Krieges" (dschihad), der von Nichtmuslimen vor allem fundamentalistisch verstanden wird und von Parteiungen des Islam auch so ausgelegt wird. Der Rechtsbegriff ist allerdings differenzierter zu verstehen.

Die genaueste Übersetzung lautet „Anstrengung, die auf ein bestimmtes Ziel gerichtet ist". Nach dem Verständnis des Koran richtet sich diese Anstrengung zuerst auf die Verteidigung, dann auch auf die Ausbreitung des Islam. Es zeichnet sich schon hier ein Bedeutungswandel von den früheren, den mekkanischen, zu den späteren, den medinensischen Suren, ab. Während für Muhammed in Mekka die Lage unsicher war und er Geduld gegenüber den Angriffen von außen predigte, gestattete er in seiner Prophetie in Medina, erst Angriffe zurückzuweisen, und machte es schließlich zur Pflicht, feindliche Mekkaner zu bekämpfen. In Medina (bis 632) sah er sich ja mit neuen Aufgaben konfrontiert, nämlich als Führer seine Gemeinde mit militärischen Mitteln zu verteidigen und gegen diejenigen vorzugehen, die sich weigerten, sich seiner Autorität zu unterwerfen. Die islamische Exegese (tafsir) vertritt allgemein die Lehre, die später geoffenbarten Verse des Koran setzten die älteren außer Kraft. Deshalb gilt als letzte Grundlage der Beurteilung des dschihad auch die medinensische Periode.

Nach einer langen Geschichte der Interpretation beschreibt der heutige Islamologe Ahmad Taheri in der *Frankfurter Rundschau* vom 26. 9. 1990 den Dschihad so: „Die Pflicht zum Dschihad ist eng mit der Universalität des Islam verbunden. Das klassische Rechtssystem teilt die Welt in zwei Gebiete auf: ‚dar al-islam', das ‚Haus des Islam', und ‚dar al-harb', das ‚Haus des Krieges' oder des Unglaubens. Im ‚Haus des Islam' herrschen der islamische Staat und das islamische Recht. Das ‚Haus des Krieges' ist das Gebiet der Nicht-Moslems, also der Ungläubigen. Die Moslems haben die Pflicht, ihr Territorium gegen Angriffe der Ungläubigen zu verteidigen und zugleich die Welt der Ungläubigen zu unterwerfen, bis der Islam auf dem gesamten Globus herrscht. Der Kampf des Islam hört grundsätzlich erst dann auf, wenn alle Menschen den islamischen Glauben angenommen oder sich dessen Herrschaft gebeugt haben: ‚Die Grenze des Islam ist die Grenze der Welt‘.“

Vor dem Hintergrund des Golfkrieges war es interessant zu sehen, wie sich das islamische Lager hinsichtlich der Ausrufung des Heiligen Krieges durch Saddam Hussein zerstritt. Anlaß waren zwei „Fetwa“ des Landes-Mufti von Ägypten, Sayyid Tantawi, auf der Konferenz der islamischen Schriftgelehrten 1990 in Mekka. Der Mufti hielt darin den Aufenthalt der ungläubigen Amerikaner in Saudi-Arabien für nicht rechtswidrig. Dem folgte eine größere Auseinandersetzung. Bassam Tibi hat die Entwicklung beschrieben: Der Mufti von Jordanien sprach sich gegen den Fetwa aus. Scharfe Angriffe kamen aber von den Fundamentalisten. Der sudanesische Chef der Muslimbrüder, Hasan Turabi, und der ägyptische Murschid der Bruderschaft, Hudaibi, lehnten zwar die amerikanische Präsenz ab, gingen aber noch nicht soweit, sich Saddam Hussein anzuschließen und zum Dschihad aufzurufen. Doch dann traten noch militantere Fundamentalisten als die Muslimbrüder auf den Plan. Der ägyptische Chefredakteur der neofundamentalistischen Kairoer Zeitung *al Schaab* (*Das Volk* – Organ der Amal-Partei) hatte zwar früher Saddams Kampf gegen die islamische Revolution im Iran verworfen, nun aber kam er zur Überzeugung, „daß Allah verzeiht“ und daß es Saddams Rolle sei, „dem Islam zum Sieg zu verhelfen, unzweideutig, und daß es Gottes Wille ist, Amerika zu schwächen“. Geradezu in dramatischen Worten wandte sich der geistige Vater des tunesischen Fundamentalismus, Raschid al Ghannushi, an die Muslime: „Seit dem Niedergang des islamischen Kalifats ... ist der islamischen Umma noch nie eine solche Katastrophe widerfahren wie gegenwärtig, als die amerikanische Armee der Kreuzzügler das heilige Land der Moscheen von Medina und Mekka erobert hat“, und rief zum Heiligen Krieg auf (CIBEDO 1991, S. 17).

VII. Fundamentalismus im Judentum

Im April 1984 verhaftete die israelische Polizei Mitglieder einer jüdischen Terrorgruppe. Sie wurden verdächtigt, mehrere Studenten der islamischen Universität Hebron ermordet und Attentate gegen palästinensische Bürgermeister verübt zu haben. Die Organisation wurde in dem Augenblick zerschlagen, als einige dieser rechtsextremen Terroristen die letzten Vorbereitungen für Bombenanschläge auf vollbesetzte arabische Busse trafen. Andere hatten einen Plan ausgearbeitet, um den Felsendom und die Al-Aqsa Moschee in Jerusalem – die drittheiligste Kultstätte des Islam – in die Luft zu sprengen.

Die Aufdeckung dieser jüdischen Untergrundorganisation schockierte weite Teile der israelischen Öffentlichkeit. Vor allem, als man erfährt, daß zahlreiche Beschuldigte dem engeren Führungskreis der „Gush-Emmunim" (Block der Gläubigen) angehören, einer politisch-religiösen Bewegung, die kurz nach dem israelisch-arabischen Krieg im Oktober 1973, der für den hebräischen Staat mit einer psychologischen Niederlage endete, gegründet worden war. Inmitten der allgemeinen Ratlosigkeit nach dem Krieg, die sich in einer Krise der Grundüberzeugungen Israels manifestierte, verbreitete die „Gush-Emmunim" Bewegung eine neue Frohe Botschaft. Gegen einen Staat und eine Gesellschaft, die bis dahin kulturell von einem laizistischen und sozialistischen Zionismus geprägt waren, machte sie sich zur Vorkämpferin der Rejudaisierung Israels.

Doch der Rückschlag für den Block der Gläubigen machte den Weg frei für andere ultraorthodoxe Gruppen, die „Haredim" („Gottesfürchtigen"), an denen von nun an keine Regierung mehr vorbei kommen sollte. Diese gehörten einer Bewegung an, die in den 70er Jahren in Israel einen mächtigen Rückhalt erhielten; sie hatten die „Rückkehr zum Judentum" und „Reue" (Teschuwa) gefordert, d.h. Rückkehr zur strikten Einhaltung des jüdischen Gesetzes, der „Halacha". Ihnen sollte in Zukunft in Israel große Bedeutung zukommen. Die

„Reumütig Zurückgekehrten" (Baalei Teschuwa) fanden über Israel hinaus Resonanz in allen großen jüdischen Gemeinden wie Amerika, aber auch in der alten Sowjetunion oder in Europa wie Frankreich. Sie fanden Zuspruch bei allen weltanschaulichen Gruppierungen, deren Ideale sich aufzulösen begannen, wie bei den assimilierten Juden, den Kommunisten oder den Nationalisten Israels. Wie ist dieser Aufbruch zu verstehen? Auf welchen religiösen Grundlagen baute er auf? (s. auch G. Kepel, Rache Gottes, 203 ff.).

Diese und ähnliche Vorgänge sind es, die wir im Westen seit Jahren aus Israel zur Kenntnis nehmen. Sie bilden unser Urteil von einem aggressiven und fundamentalistischen Judentum. Manchmal werden die Vorgänge und Übergriffe einfach als extremistisch und terroristisch qualifiziert. Um den Hintergrund dieser Vorgänge jedoch zu verstehen – das heißt nicht gutzuheißen –, ist auf den religiösen Hintergrund zurückzukommen, und das heißt auch, sich einige Grundlagen der jüdischen Religion zu vergegenwärtigen. Denn offensichtlich werden die genannten Umtriebe vor allem von religiösen Überzeugungen gespeist; sie haben ihren Grund in gewissen Glaubenseinstellungen religiöser Juden. Wo sind die Gefahren und Tendenzen zum Fundamentalismus in der jüdischen Religion tatsächlich anzusiedeln?

1. Bibel und Babli

Fragt man nach der Grundlage des Judentums, so lautet die Antwort seit Jahrtausenden: Es ist die Tora. Was ist Tora? Tora besagt „Lehre, Weisung". Inhaltlich umfaßt sie zunächst die fünf Bücher des Pentateuchs, die Mose zugeschrieben werden, sodann in einem weiteren Sinn die gesamte *Hebräische Bibel*. Und schließlich umfaßt Tora ebenso das ganze Korpus des traditionellen jüdischen Gesetzes. Neben der Bibel ist im Judentum der *Talmud* die wichtigste Quelle der Tora. Das Judentum spricht geradezu im Plural von zwei Toras, zwei Torot nämlich, eine „schriftliche" Tora, die Bibel, und eine „mündliche" Tora, vor allem im Talmud enthalten. Für den Talmud gibt es zwei Ausgaben, den Talmud von Jerusalem, den *Yerushalmi*, und den Talmud aus Babylon, den *Babli*. Letzterer ist der umfangreichere und so für den gesamten Korpus des jüdischen Gesetzes der bedeutsamere. Die wichtigsten Bücher des Judentums sind somit *Bibel* und *Babli*.

Was bedeutet nun aber Tora für das Judentum bis heute? Die Tora ist nach der rabbinischen Tradition der Schöpfungsplan Gottes, der göttlichen Ursprungs ist und vor aller Schöpfung geschaffen wurde. Mit seiner Hilfe hat Gott die Welt erschaffen und geordnet. Sie ist daher mit der Schöpfungs- und Weltordnung zu identifizieren und garantiert den Bestand der Welt. In der Sinaioffenbarung hat Gott nun diese vor aller Welt geschaffene Tora dem Mose geoffenbart und für alle Menschen verpflichtend gemacht. Sie wurde jedoch nicht von allen Menschen angenommen, sondern nur von den Juden vorbehaltlos akzeptiert (s. auch R. Schmitz, Fundamentalismus, S. 240–267).

Tora ist eine göttliche Gabe an die Menschen. Für die Menschen ist sie eine Art Verpflichtung zum Leben nach ihr, da sie alle Aspekte menschlichen Lebens umfaßt. Es gibt nach jüdischer Auffassung keinen von der Tora ausgesparten, keinen privaten Bereich. Eine Trennung zwischen Tora und individuellen, gesellschaftlichen oder staatlichen Bereichen ist somit zunächst grundsätzlich nicht möglich. Wie kann das sein? Wie sollen die Gebote des Mose heute noch Geltung haben? Das führt zu einem Verständnis der beiden Formen der Tora. Es bestand seit alters her die Notwendigkeit, die Gebote der schriftlichen Tora den Erfordernissen der jeweiligen Zeit anzupassen. Das ist der Hintergrund für die rabbinische Lehre von der mündlichen Tora. Die mündliche Tora ist keine neue Offenbarung, sondern sie wendet die Gebote des Mose für die jeweilige Zeit an – und das seit fast 2000 Jahren. Im Grunde ist es nach rabbinischer Lehre so, daß schon Mose neben den in der Bibel überlieferten Geboten von Gott die mündliche Tora empfangen hat, aber eben nicht schriftlich fixiert, sondern als Aufgabe für die kommenden Generationen. Diese Lehre von Bibel und Babli oder von Schrift und Tradition, die in der katholischen Kirche eine Entsprechung hat, sicherte dem Judentum für alle Zukunft eine fortwährende Auslegung und Anwendung der Tora. Natürlich ist nicht jeder Jude gleichermaßen befugt, die Tora nach eigenem Gutdünken auszulegen. Dafür sind autorisierte Toralehrer, die Rabbis, da. Infolgedessen wurde die rabbinische Tradition zum Bestandteil der am Sinai offenbarten Tora.

Die Mose am Sinai offenbarte Tora machte Israel erst zum Volk, das Gott sich erwählt hat. Dem Geschenk der Tora entspricht das Volk Israel, indem es die Tora annimmt, seine Verpflichtung gegen Gott wahrnimmt und im Gehorsam zur Tora seine Antwort gibt. Die Erfüllung der Tora ist für das Judentum zunächst kein äußerlicher Gesetzesrigorismus – wie etwa im Christentum immer wieder seit Paulus insinuiert –, sondern Gehorsam gegenüber dem Geschenk und der Liebe Gottes. In der Erfüllung der Tora sieht das Judentum auch seine Lebensaufgabe, denn im Aufnehmen und Tragen des „Jochs der Tora" wirkt es mit an der Vollendung der Geschichte, bis hin zur messianischen Endzeit.

Das Wesen der Tora, vor aller Welt geschaffen zu sein, beinhaltet auch, daß sie letztendlich unveränderlich und ewig ist. Dies bedeutet nach Auffassung des rabbinischen Judentums, daß zu keiner Zeit, auch nicht zur messianischen Zeit, der dem Mose geoffenbarten Tora etwas hinzugefügt oder genommen werden kann. Die messianische Zeit führt nur zum rechten Verständnis der Tora, das in der Gegenwart verdunkelt ist.

Bis in unsere Tage hält das orthodoxe Judentum am Grundsatz der Unveränderlichkeit der Tora fest, während das Reformjudentum bereit ist, auf manche Teile der traditionellen Tora bzw. des traditionellen Toraverständnisses zu verzichten. Allerdings mehren sich in den USA die Stimmen jener Rabbinen, die areligiösen Juden wieder einen Weg zu diesem traditionellen Verständnis eröffnen wollen, indem sie im Sinne und mit den Methoden der früheren Gelehrten weiter arbeiten, neue Auslegungen und ein neues Verständnis für heutige Bedürfnisse eröffnen. Sie bleiben jedoch darin konsequent, daß sie auf die bewährte Tradition in keiner Weise verzichten, um so heutigem Verständnis einen Weg zu ebnen.

Für das Thema des Fundamentalismus hat ein solches Verständnis des Judentums zunächst große Bedeutung. Denn von seiner Wurzel her gibt es im Judentum zunächst keine Grundlage für den bisher besprochenen Fundamentalismus. Die Bibel fundamentalistisch auszulegen, ist für das Judentum keine grundsätzliche Gefahr. Sie hat nur zu Zeiten der Essener und der Karäer bestanden. Der Grund dafür ist, daß die Bibel, die schriftliche Tora, vom Talmud, der mündlichen Tora, flankiert, d.h. ausgelegt und angewandt wird.

Auch die mündliche Tora, die rabbinische Tradition, ist zunächst gegen fundamentalistische Gefahren gefeit. Diese Tradition hat zwar verbindlichen, aber nicht dogmatischen Charakter. Es sind Rabbinen und Gelehrte, die die Tora auslegen und die jüdischen Gesetze festlegen. Das Judentum kennt aber kein Lehramt wie etwa die katholische Kirche. Es ist Aufgabe vor allem der Rabbinen und der Gelehrten, sich ständig mit der Tora zu beschäftigen, sie für alle Bereiche des religiösen, aber auch weltlichen Lebens anzuwenden, da die Tora keine Trennung der Lebensbereiche zwischen säkularen und religiösen Dingen zuläßt. Die „Halacha“, das jüdische Religionsgesetz, und die „Halachot“, die einzelnen religionsgesetzlichen Bestimmungen, werden von alters her auf diese Weise gefunden. Wenn die Juden diese Traditionskette auch auf Mose zurückführen, so bestätigt dies zwar ihre Legitimation und Autorität, bedeutet jedoch nicht, daß sie dogmatisch-verbindlichen Charakter besäßen. Denn die Halachot zu einem und demselben Sachverhalt können durchaus widersprüchlich sein. Das vermindert nicht ihre Bedeutung und ihren Rang, sondern bietet häufig Anlaß zur erneuten Diskussion und zu neuen Entscheidungen. Welche Halacha vom einzelnen, von einer Gruppe oder Gemeinde übernommen wird, hängt letztlich vom Grad der Gelehrsamkeit und der Überzeugungskraft der rabbinischen Autoritäten ab. Eine halachische Dogmenbildung ist somit vom Wesen religionsgesetzlicher Entscheidungen her theoretisch unmöglich. Die

„schriftliche" und „mündliche" Tora, die einer beständigen Erläuterung und Entscheidung bedürfen, um der jeweiligen konkreten Situation gerecht zu werden, sind nach traditioneller jüdischer Auffassung der beste Garant dafür, daß fundamentalistische Ansätze sich im Judentum weder bilden noch durchsetzen können.

Gestützt wird diese Auffassung durch die Tatsache, daß das Judentum keine Instanz kennt, die berechtigt wäre, Glaubensinhalte und daraus abgeleitete Handlungsweisen für alle Gemeinden und alle Zeiten verbindlich festzusetzen. Zwar wurden unverzichtbare Grundlagen des jüdischen Glaubens, die Iqqarim, in Auseinandersetzung mit der Umwelt und zur Ordnung der eigenen religiösen Glaubenswelt formuliert, sie erhielten aber niemals dogmatischen Charakter.

2. Talmud – wie eng ist der „Zaun um die Tora"?

Innerhalb der jüdischen Geschichte gab es jedoch immer wieder Strömungen, die trotz der bisherigen Feststellungen durchaus fundamentalistische Ansätze aufweisen. Dies betrifft aber weniger die Orthodoxie dieser Religion, als vielmehr die Orthopraxie, d.h. den religionsgesetzlichen oder halachischen Bereich des Judentums. Wie ist das zu verstehen?

Die Gretchenfrage nach der Religion im Judentum heißt nun einmal: „Sag, wie hast du es mit dem Gesetz?" Nicht die Tora an sich, auch nicht der haggadische Teil der Tora und des Talmud (die Erzählungen) sind das Problem, sondern der halachische Teil: die Gesetze, die viele Konflikte, bisweilen sogar für Nichtjuden, zur Folge haben. Je nach Einstellung zum Gesetz zählt man im Judentum zur Orthodoxie oder zum Reformjudentum oder auch zum konservativen Judentum.

Die ganze Tora ist also in der „schriftlichen Tora", der hebräischen *Bibel*, und in der „mündlichen Tora", im *Talmud*, enthalten. Nach jüdischer Auffassung gehen beide Quellen auf Moses zurück. Ebenfalls auf Mose geht nach jüdischer Auffassung die Anordnung von Sinn und Zweck des Talmud zurück. Moses lehrte nämlich: „Macht einen Zaun um die Tora" (Abot I, 1). Was heißt das? Die Tora ist von Gott selbst geoffenbart, deshalb zum einen letztverbindlich, aber zum anderen auch offen für alle kommenden Generationen. Der Talmud hat den Sinn, die Tora, Gottes definitiven Willen, für alle kommenden Zeiten zu erläutern und darzulegen. Und hier kommt dem Grundsatz, „einen Zaun um die Tora machen", eine konstitutive Bedeutung zu. Die Tora wird von den jüdischen Gelehrten ausgelegt. Die bedeutendsten Persönlichkeiten unter ihnen sind im Talmud vertreten. Sie haben die Tora aber durchaus unterschiedlich, manchmal auch widersprüchlich ausgelegt. Ihr Grundprinzip war es immer, sozusagen Grenzpfähle um die Tora einzuschlagen oder eben einen Zaun um die Tora zu legen, um zu bestimmen, wieweit Gottes Willen geht oder eine andere Ordnung beginnt, z. B. die staatliche Ordnung.

Das ist nun aber entscheidend. Der „Zaun um die Tora" kann enger oder weiter sein. Oder mit anderen Worten, das jüdische Religionsgesetz kann enger oder weiter ausgelegt werden. Um ein klassisches Beispiel zu bieten: Der Talmud beginnt mit einer unterschiedlichen Lehrmeinung der beiden wohl größten rabbinischen Autoritäten, Rabbi Hillel und Rabbi Schamaj, zum Sabbatgesetz. Dabei wird sowohl die Position Schamajs vorgetragen, der eine enge Auslegung des Sabbatgesetzes lehrte, als auch die Position Hillels, der eine offenere Meinung vertrat. Die Frage spitzt sich dabei unter Einbeziehung weiterer Diskutanten darauf zu, wie eng oder wie weit der „Zaun um die Tora" zu legen ist. Die beiden großen Rabbis Hillel und Schamaj lebten übrigens zur Zeit Jesu. Aus diesem Grunde haben wir von den großen Auseinandersetzungen zwischen beiden, die nach ihnen in zwei Schulen (bet Hillel und bet Schamaj) ausgetragen wurden, auch ein Echo im Neuen Testament. Jesus setzte sich offensichtlich in der Frage der Ehe und Ehescheidung u. a. mit ihnen auseinander. Immer wieder kann man in der Exegese auf Vergleiche von Jesus mit Rabbi Hillel stoßen; denn beide haben offensichtlich gewisse verwandte Grundpositionen, da Hillel vor allem durch seine Menschlichkeit und seine zentrale Botschaft der Nächstenliebe in den Talmud eingegangen ist. Wie gesagt, es gehört geradezu zum Judentum, solche Auseinandersetzungen zwischen strengerer und milderer Auffassung über das Gesetz zu führen. Im Grund bewahrt dieses Verfahren die jüdische Religion geradezu vor fundamentalistischen Abweichungen.

Zugleich lauern hier aber auch Gefahren, die uns zum Thema des Fundamentalismus interessieren. Hier gibt es Ansätze fundamentalistischer Strömungen. Sie sind im Grunde ein Verstoß gegen die jüdische Grundüberzeugung, daß zu allen Zeiten über die Weite des „Zauns um die Tora" diskutiert werden muß. Die Gefahren liegen in der Hartnäckigkeit von Gruppen, die nicht mehr über diese Grundfrage diskutieren wollen, sondern versuchen, ihre rigorose Meinung für alle zur Geltung zu bringen. Die Gefahren sind mit einer Radikalisierung im religionsgesetzlichen Bereich gegeben. Mit dem Einsatz aller Kräfte wird dann versucht, alle Lebensbereiche gemäß der „schriftlichen" und „mündlichen" Tora zu durchdringen – so die ultraorthodoxe Position in all ihren Schattierungen. Dieses Ziel wird erstrebt durch ständige Beschäftigung mit der Tora, indem man sie erforscht und lehrt, sowie durch die Forderung, alle religionsgeschichtlichen Bestimmungen und aus der Tora abgeleiteten Auffassungen streng zu befolgen.

Diese Einstellung prägt Israel bis heute. Die Orthodoxie ist zu einer bestimmenden Kraft im Staat Israel geworden und geblieben seit der Gründung 1948. Der erste Staatspräsident David ben Gurion wollte die künftigen Beziehungen der Orthodoxie mit der Politik Israels durch ein Dokument regeln. Dazu wandte er sich 1947 an die „Agudat Israel", eine Sammlung orthodoxer Gruppen, denen gemeinsam ist, einerseits entschieden Reformjudentum und Assimilation abzulehnen und andererseits sich strikt an die traditionelle Frömmigkeit und Lebensweise zu halten. Dieses Vertragsdokument ist bis heute als „Status quo" bekannt. In dieser Urkunde wird der Orthodoxie die Zusicherung gegeben, daß (1) der Sabbat als nationaler Ruhetag eingerichtet, (2) die religionsgesetzliche Speisegesetzgebung (Kashrut) in allen staatlichen Küchen befolgt, (3) die Ehe- und Scheidungsjurisdiktion ausschließlich rabbinischen Gerichten vorbehalten und (4) das bestehende separate Erziehungswesen der religiösen Gruppen im Staat anerkannt wird.

Die Frommen konzentrierten sich in den ersten Jahren der Existenz Israels auf die Gestaltung des „jüdischen Charakters" des Staates Israel. In der Knesset, dem Parlament, aber auch in den Kommunen, ließen sie Gesetze verabschieden, die Israel wie eine biblische Theokratie aussehen lassen.

Die orthodoxen politischen Gruppen haben bis heute ihren Einfluß auf die Politik Israels ausgeübt. Sie wurden, so gering ihr Anteil war, seit 1948 durch Koalition an der Regierung beteiligt. 1977 kam es zu einer Verschärfung. Menachem Begin vom Likkud-Block wurde mit Hilfe der Nationalreligiösen und Ultraorthodoxen, der Agudat Israel, zum Ministerpräsidenten gewählt und löste damit nach fast 30 Jahren die Arbeiterpartei ab. Die Religiösen forderten als Preis für die Koalition keine Ministerposten, dagegen eine Verschärfung auf dem Gebiet der Religionsgesetze. Sie sahen die Zeit gekommen, endlich den „Status Quo" zu sprengen und ein Maximum an religionsgesetzlichen Bestimmungen für das individuelle, politische und gesellschaftliche Leben gesetzlich zu verankern.

Es seien einige Beispiele von Regelungen genannt, denen der religiöse Block Gesetzeskraft geben konnte.

- Sabbatgesetz. Daß der Sabbat der wöchentliche Ruhetag sein würde, und nicht der christliche Sonntag oder der moslemische Freitag, war selbst den weltlichen Politikern von Anfang an eine Selbstverständlichkeit. Ebenso die Benutzung des alten jüdischen Kalenders, der seit der Schöpfung der Welt das Jahr 5755 zählt. Es regelt die Sabbatruhe. Während es zuvor nur die staatlichen Einrichtungen betraf, greift es nun in das Privatleben ein: Straßen, die außerhalb orthodoxer Viertel liegen, werden für den Autoverkehr gesperrt. Kinos und Theater bleiben ebenso geschlossen wie Sportstätten. Die Fluggesellschaft EL AL darf während des Sabbats weder ein- noch ausfliegen. Ein mit Regierungsgeldern finanziertes Institut für die „praktische Anwendung der Halacha" erfindet für die Industrie Roboter, die dem Menschen am Sabbat das Sündigen gegen das Gottesgesetz abnehmen. Die Knesset verabschiedete 1988 ein Gesetz, das die Kommunen ermächtigt, für ihren Bereich besondere verschärfte Sabbatgesetze zu erlassen.

- Kaschrutgesetz. In Israel sind die „Koscher-Wächter" hoch bezahlt, nicht vom Staat, sondern von den Hotels, die sie aber einstellen müssen. Sie besorgen die rabbinische Überwachung der Küchen in Restaurants, Hotels und öffentlichen Einrichtungen. So etwa das „Mazzagesetz", das Ladenbesitzern verbietet, Nahrungsmittel auszustellen oder zu verkaufen, die nicht den religionsgesetzlichen Vorschriften für die Pessachzeit entsprechen. Ein Gesetz gegen den Verkauf von Schweinefleisch wurde für ganz Israel angenommen. In der Armee werden Kapläne in jeder noch so kleinen Einheit gehalten. Sie wachen darüber, daß Küche und Speisen gemäß den strengen Religionsgesetzen vorbereitet werden.
- Ehegesetz. Jüdische Ehen können allein von Rabbis geschlossen werden. Weltliche Standesämter gibt es in Israel nicht. Dies hat tragische Konsequenzen, wenn zwei Menschen verschiedener Religionszugehörigkeit sich trauen lassen wollen. In Israel können sie das einfach nicht tun. Einer von beiden muß den Glauben wechseln.
- Rückkehrgesetz. Die israelische Staatsbürgerschaft zu erwerben, unterliegt nun einer strengen orthodoxen Kontrolle. Während es früher für jeden Juden im Ausland ein gutes Recht war, seinen Willen zu äußern, in Israel einzureisen und Staatsbürger zu werden, wird er nun zuerst nach seinem „Judesein" befragt und restriktiv behandelt. Das gilt vor allem für Einwanderer aus den Reformgemeinden etwa der USA oder für Juden aus Rußland, Äthiopien u.a. So können etwa Rabbinen des Reformjudentums in Israel keine religiösen Handlungen ausüben.

- Andere Gesetze betreffen den medizinischen Bereich. Autopsie und Transplantation werden äußerst erschwert und nahezu unmöglich gemacht. Die soziale Indikation wurde ersatzlos gestrichen.
- Archäologische Grabungen dürfen dort nicht mehr durchgeführt werden, wo Gräber von Juden vermutet werden. Diesem Verdikt fielen u.a. Grabungen in der Davidstadt (Jerusalem), in Tiberias und in Cäsarea zum Opfer.

Die Hauptträger dieser gesellschaftlichen Restauration, die den Beobachter von außen bisweilen an den Aufbau einer Theokratie erinnert, sind die politischen Gruppen der „Agudat Israel" und des „Schass". Letztere ist in den 80er Jahren aus der Agudat hervorgegangen und äußerst einflußreich. Der „Schass" wird vom „Rat der großen Talmudgelehrten" dominiert. Dem Leitungsgremium gehören die Vorsteher von Jeshibot (Talmudschulen) und chassidischen Gemeinden an, wie z.B. Elieser Menachem Schach und der Rabbi von Gur, R. Simcha Bunem Alter, außerdem R. Moses Hager von den Wischnitzer Chassidim und R. Abraham Rokeach von den Belser Chassidim oder die amerikanischen Rabbis R. Moshe Teitelbaum (Satmar) und R. Menachem Mendel Schneerson, der Rabbi von Lubawitsch.

Die ganze jüdische Welt erlebte in den 70er Jahren einen eigenartigen Aufbruch: die Bewegung der „Teschuwa" („Rückkehr zum Judentum" und „Reue"). Die „Reumütig Zurückgekehrten" fordern die strenge Einhaltung des jüdischen Gesetzes, der „Halacha". Sie verschließen sich den Versuchungen der säkularen Gesellschaft, um ihr Dasein ausschließlich auf die Gebote und Verbote zu gründen, die sie heiligen jüdischen Texten entnehmen. Dieser Bruch fordert eine strenge Trennung von Juden und Nichtjuden (Goijim), um so die größte Gefahr für den Fortbestand des auserwählten Volkes, die sogenannte Assimilation, zu bekämpfen. Teschuwa bedeutet aber auch eine Neudefinition der eigenen Identität innerhalb des jüdischen Volkes selbst. Diese Identität soll nicht länger auf der bloßen Zugehörigkeit beruhen, sondern auf der Einhaltung der 613 Verbote und Gebote

(Mizvot), die die jüdische Existenz religiös regeln – angefangen von den einfachsten körperlichen Verrichtungen bis hin zur Organisation des gesellschaftlichen Zusammenlebens.

3. Nationalismus, Chauvinismus

Ist Gott an der Gründung des Staates Israel beteiligt gewesen? Die Frage mag ketzerisch klingen. Aber die ketzerische Frage hat einen historischen Hintergrund. Gott bleibt unerwähnt im Gründungsdokument des ersten jüdischen Staates nach 2000 Jahren vom 15. Mai 1948, das von David ben Gurion vor der Knesset verlesen wurde. Es ist nur die Rede von dem „Fels Israels", einer Umschreibung Gottes. Die orthodoxen Juden hatten sich geweigert, Gott in das Menschenwerk namens „Staat Israel" einzubeziehen, obwohl sie seit dem Gründungstag alles tun, Israel in einen „jüdischen Staat" zu verwandeln. Das Spannungsverhältnis zwischen dem Staat Israel und den orthodoxen Juden spiegelt sich bereits in der Gründungsakte. Es ist seither nicht anders geworden.

Allen orthodoxen Gruppen ist die Grundüberzeugung gemeinsam, daß der säkulare Staat ein Übel ist, das es zu überwinden gilt. Erstrebenswert dagegen ist der religionsgesetzlich ausgerichtete Staat, ein Ziel, zu dessen Verwirklichung fast jedes Mittel recht ist.

Die „Gush-Emmunim" (Block der Gläubigen) Bewegung war 1973 nach dem israelisch-arabischen Krieg entstanden. Sie wurde zur Vorkämpferin der Rejudaisierung Israels und der Siedlungspolitik in den besetzten Gebieten. Sie wollte die nach dem Jom-Kippur-Krieg weitverbreitete Depression auffangen und das Gefühl der Niedergeschlagenheit durch Nationalbewußtsein und Stolz ersetzen. Die Besiedelung der seit 1967 besetzten Gebiete war hierfür das augenfällige Ziel. Da der Zionismus ebenfalls in eine Krise geraten war, sollten ihn die Siedler neu beleben. Denn nicht zuletzt galt die Besiedlung von „Groß-Israel" als Mittel und religiöser Ausdruck des Zionismus. Sie wollte aber gleichzeitig eine Antwort des Pioniergeistes auf den wachsenden Materialismus der israelischen Gesellschaft sein. Zur Durchsetzung der Aktivitäten bedienten sich die Mitglieder aggressiver Methoden und der Unterstützung der Straße. Das färbte auf das Verhalten der parlamentarischen Parteien ab. Politik wurde in der Folgezeit unter dem Einfluß außerparlamentarischer Aktivitäten und Demonstrationen gemacht. Parlamentarische Unterstützung fand der „Gush-Emmunim" vor allem in der Cherut-Fraktion.

Mit dem Regierungswechsel im Jahre 1977 unter Menachem Begin vom Likkud wurde der Gush-Emmunim zur staatlich anerkannten Siedlerbewegung in den besetzten Gebieten. Er erhielt nicht nur Gelder aus der Staatskasse, sondern stand unter politischem und militärischem Schutz. Diese Unterstützung erreichte, daß die Radikalen des Gush-Emmunim die Annexion der besetzten Gebiete beschleunigten durch vermehrte Siedlungsgründungen. Daneben richteten sie sich in gezielten Aktionen gegen die Palästinenser. Es entstand ein jüdischer Untergrund, der mit Waffengewalt gegen die Araber vorging. Es kam zu den schon genannten Terrorakten des Jahres 1984. Israel war erschüttert. Der Einfluß von Gush-Emmunim war nicht grundsätzlich gebrochen.

Der Einfluß der Siedler des Gush-Emmunim und ihrer Anhänger ist heute ein wichtiger Faktor in der Befriedung Israels. Die Siedler tragen weiterhin Schußwaffen zur Selbstverteidigung. Sie und andere extreme Gruppen benutzen jede sich bietende Gelegenheit, um von außen Druck auf die Regierung auszuüben, in der Frage der besetzten Gebiete und gegenüber den Forderungen der dort lebenden arabischen Bevölkerung hart zu bleiben bzw. durchzugreifen. Jede Regierung muß auf die ca. 120 000 jüdischen Siedler, die heute in den besetzten Gebieten leben, Rücksicht nehmen.

Die Siedler wenden sich gegen einen jüdischen Staat und eine Gesellschaft, die bis dahin kulturell von einem laizistischen und zum Sozialismus tendierenden Zionismus geprägt waren. Die Bewegung errichtete in den besetzten Gebieten zahlreiche neue, staatlich nicht autorisierte Siedlungen, leistete erbitterten Widerstand gegen den im Abkommen von

Camp David vereinbarten israelischen Rückzug von der Halbinsel Sinai und ersetzte den Rechtsbegriff Staat Israel durch den biblischen Begriff „Eretz Yisrael“ (Land Israel), der die Besetzung der Gebiete im Namen des besonderen Bundes zwischen Gott und dem auserwählten Volk rechtfertigte.

4. We want Mashiah now – mamasch (jetzt)

Die Lubawitscher Chassidim sind wegen ihrer religiösen Inbrunst und Frömmigkeit weit bekannt. Ebenso bekannt sind ihre Lieder und Gesänge. Die Kinder lernen sie in eigenen religiösen Schulen. Bei jeder Gelegenheit besingen die Schüler das nahe Kommen des Messias und wiederholen dabei (auf englisch) den Kehrvers: „We want Mashiah now“ (Wir wollen, daß der Messias jetzt kommt), und fügen das hebräische Wort „mamasch“ hinzu. Es bedeutet „jetzt“, ist aber – welch glücklicher Zufall – die Abkürzung von Rabbi Menachem Mendel Schneerson, dem Rabbi von Lubawitsch, den noch immer viele seiner Anhänger für den wiedergekehrten Messias halten – allerdings zum großen Mißfallen etwa von Rabbi Eliezer Chakh, der darin den Keim einer gefährlichen Abgötterei erkennt.

Durch alle Jahrhunderte zieht sich eine Strömung der Zionssehnsucht und Zionsliebe. Sie ist die religiöse oder messianisch-politische Hinwendung zum „Land Israel“, zum „Heiligen Land“. Diese Hinwendung zum „Land der Väter“ war in der Neuzeit sowohl Ziel des religiösen wie des säkularen Zionismus (s. auch R. Schmitz, Fundamentalismus).

Der religiöse Messianismus hat seine Wurzeln unter anderem in der mittelalterlichen Kabbala, die auch von Pseudomessiassen zur Legitimierung gebraucht wurde. Das Scheitern der messianischen Bewegungen im 16.–17. Jahrhundert rief in der Folgezeit eine starke Ablehnung aller Versuche hervor, geschichtliche Erscheinungen messianisch zu deuten, und führte in der Zeit der Aufklärung (Haskala) zur Aufgabe der traditionellen messianischen Hoffnung und des Beharrens auf die Rückkehr ins Land der Väter.

Erst mit dem Aufkommen der verschiedenen zionistischen Bewegungen, die zur Gründung des Staates Israel führten, und mit dem Zugang zu den Heiligen Stätten infolge des Sechstagekrieges 1967 fanden messianische Verheißungen wieder Nahrung. Die Vereinigung der beiden Teile Jerusalems und der freie Zutritt zum Tempelbezirk wurden als „Anfang der Erlösung" und als „Schritte des Messias" gedeutet.

Für den neuen religiösen Messianismus ist der Zionismus eine Ideologie an der Oberfläche, die von tieferen Kräften gespeist wird. Ihnen liegt als Ziel der Wiederaufbau des Königreiches Gottes im Lande Israel zugrunde. Der erste Schritt zur Verwirklichung dieses göttlichen Planes ist die Rückkehr ins Land Israel. Nach ihnen gehört das Land gemäß der göttlichen Schöpfungs-, Welt- und Offenbarungsordnung den Juden. Folglich ist es göttlicher Wille, kein Stück dieses Landes dem „Götzendienst" zu überlassen. Denn Religionsgesetz, „Land Israel" und Besiedelung des Landes sind Vermächtnis der Sinaioffenbarung. Folglich ist das „Land Israel" Besitz des jüdischen Volkes, dem es als legitimem Eigentümer möglich ist, Nichtjuden des Landes zu verweisen. Dieses Eigentumsverständnis rechtfertigt nicht zuletzt jene Extremisten, die in Jerusalem Moscheen mit dem Ziel zerstören wollen, die Götzen aus der Heiligen Stadt zu vertreiben. Dieser ersten Stufe der Wiederherstellung der alten staatlichen Tradition soll in einem weiteren Stadium der Wiederaufbau des dritten Tempels folgen. Die Betonung der Einheit von „Land Israel" und „Volk Israel" sowie der religiösen und politischen Überzeugungen des jüdischen Volkes bedeutet eine Mißachtung der Gleichheit aller Völker und Staaten.

5. Beispiel: Wo sind die Grenzen des verheißenen „Landes"?

Nach dem Sechstagekrieg vom Juni 1967 brach in Israel grenzenloser Jubel aus. Israel hatte einen triumphalen Erfolg zu verzeichnen: Das Westjordanland, die Sinai-Halbinsel und die

Golan-Höhen waren erobert. Die Grenzen der von Israel besetzten Gebiete deckten sich nun in etwa mit denen des verheißenen Landes der Bibel. Wenn dieser Sieg auch von den Streitkräften eines säkularen Staates errungen worden waren, führte er doch zur Renaissance religiöser und messianischer Vorstellungen, die bisher nur in extremen Kreisen geträumt worden waren.

Rav Zvi Yehuda Kook, der Sohn des einflußreichen askenasischen Großrabbiners Rav Kook (1865–1935) und zugleich dessen Nachfolger, hatte noch Mitte Mai 1967 in einer Predigt ausgesprochen, was sich später als prophetisch erweisen sollte: „‚Sie haben mein Land geteilt'. Fürwahr, das stimmt. Wo ist unser Hebron? Werden wir es einfach vergessen? Und wo ist unser Schechem [Nablus], wo unser Jericho? Wo sind sie? Das ganze Ostjordanland gehört uns! Jeder Zoll, jedes Ar ... gehört zum Land Israel. Dürfen wir denn auch nur einen Millimeter davon preisgeben?"

Drei Wochen später hatte die israelische Armee all diese Städte sowie die Jerusalemer Altstadt und den größten Teil des biblischen Jerusalem erobert. Für Rav Kook und seine Anhänger hatte die Armee des säkularen Staates einen göttlichen Ratschluß ausgeführt, nach dem die Grenzen des Staates mit denen des Gelobten Landes zusammenfallen sollten. Eine Stimme dazu nach dem Sechstagekrieg: „Die greifbare, konkrete Rückkehr in die geliebten Städte des Angedenkens und die sehnsüchtig begehrten Landschaften der Vorfahren symbolisierte die Heimkehr in das ‚LAND'. Ideologisch gesehen, führte diese Rückkehr zu einer Reaktualisierung der religiösen und begrifflichen Bedeutungskomponenten von ‚LAND' ... Der Sechstagekrieg scheint das Moment zu sein, wo das säkulare Konzept eines Staates Israel durch das religiöse Konzept eines Landes für die Juden ersetzt wurde ..." (Gideon Aran, aus: G. Kepel, Rache Gottes, S. 221–223). Die „Kookisten" erklärten 1967 zum Jahr eins des Zeitalters der Erlösung. Seither ist die Idee von „Eretz Israel" oder „Groß-Israel", das „Land" der biblischen Verheißung, zur fixen Idee ultraorthodoxer Kreise geworden.

Aber wo ist das Gelobte Land? Welches sind seine Grenzen? Die Bibel macht dazu an verschiedenen Stellen unterschiedliche Aussagen. Sind es realistische Aussagen? Aber da sie sich in der hebräischen Bibel so sehr voneinander unterscheiden – welchen Wirklichkeitskern haben sie? Die ultraorthodoxen Gruppen scheren sich wenig darum. Sie nehmen den einen oder anderen biblischen Text für bare Münze. Wenn wir im allgemeinen sagen konnten, im Judentum bestehe kaum die Gefahr des fundamentalistischen Schriftverständnisses, dann gilt dies nicht für den Anspruch auf das verheißene Land, der vermeintlich in der hebräischen Bibel verankert ist – so wenigstens in jüdisch fundamentalistischen Kreisen.

Welche Bibeltexte begründen denn nun einen derartigen Anspruch? Etwa die Verheißung an Abraham im Buch Genesis: „An jenem Tage schloß der Herr mit Abram einen Bund und sprach: Deinem Geschlecht gebe ich dieses Land, vom Bach Ägyptens bis an den großen Strom, den Euphrat-Strom" (Gen 15,8). – Nach dieser Verheißung gehörte dem Volk Gottes mehr oder weniger der ganze Vordere Orient.

Das Buch Deuteronomium wird noch konkreter, wenn Mose an sein Volk die Botschaft Gottes ausrichtet: „Ziehet nach dem Gebirge der Amoniter und zu allen ihren Nachbarn in der Araba, auf dem Gebirge, in der Niederung, im Südland und am Gestade des Meeres, in das Land der Kanaaniter und zum Libanon, bis an den großen Strom, den Euphrat-Strom. Seht ich übergebe euch das Land: gehet hinein und nehmet das Land in Besitz, von dem ich euren Vätern Abraham, Isaak und Jakob geschworen habe, daß ich es ihren Nachkommen geben wolle." (Dtn 1,7 f.) Und kurz darauf sogar: „Jeder Ort, darauf eure Fußsohle treten wird, soll euer sein; von der Wüste bis zum Libanon und von dem großen Strom, dem Euphrat-Strom, bis an das westliche Meer soll euer Gebiet reichen." (Dtn 11,24) Demnach hätte Gott dem auserwählten Volk nicht nur das Bild eines Groß-Israel vom Euphrat bis zum Mittelmeer gezeigt, sondern zugleich damit die ausdrückliche Aufforderung verbunden, jeden Fuß dieses ‚Landes' in eigenen Besitz zu nehmen.

Realistischer ist da schon das Prophetenbuch Ezechiel, wenn dort die Landesgrenzen folgendermaßen angegeben werden: „Das ist die Grenze des Landes im Norden: vom großen Meer in Richtung Hetlon bis Lebo-Hamat, Zedad, Berota, Sibrajim, das zwischen dem Gebiet von Damaskus und dem Gebiet von Hamat liegt, und bis Hazar-Enan am Rande des Haurangebirges. Die Grenze läuft also vom Meer nach Hazar-Enan, wobei das Gebiet von Damaskus und Zafon und ebenso das Gebiet von Hamat im Norden liegt. Das ist die Nordgrenze. Im Osten bildet der Jordan die Grenze zwischen Gilead und dem Land Israel (von Hazar-Eman), das zwischen dem Haurangebirge und Damaskus liegt, bis hinab zum östlichen Meer und Tamar: Das ist die Ostgrenze. Die Südgrenze im Negeb: von Tamar bis zu den Quellen von Meribat-Kadesch und dem Bach, der ins große Meer fließt. Das ist die Südgrenze im Negeb. Im Westen bildet das große Meer die Grenze bis zur Höhe von Lebo-Hamat. Das ist die Westgrenze." (Ez 47,15–20; vgl. Numeri 34,1–15)

Aber selbst die Landbeschreibung des Propheten Ezechiel wird man nicht historisch und landeskundlich interpretieren dürfen. Viele der genannten Orte sind gar nicht mehr bekannt. So viel läßt sich am Idealbild des Landes bei Ezechiel noch erkennen: Das Land ist nun sehr viel kleiner geworden. Wenn man die Nordlinie auf die Höhe von Homs-Tripolis verlegt, dann reicht aber das Idealland im Norden und im Süden immer noch viel weiter, als es in den besten Zeiten des König David je umschloß. Nach Osten dagegen ist es in sehr schmalen Grenzen gehalten. Mit anderen Worten, aus den Angaben der hebräischen Bibel zu den tatsächlich von Gott gewollten Grenzen ist, wenn sie denn solche festlegen wollte, sehr wenig historisch und realpolitisch abzuleiten.

In Falle der biblischen Grenzen des Landes wird aber ein fundamentalistisches Schriftverständnis gefährlich. Es nährt messianische Utopien eines „Eretz (Land) Israel". Mit diesem gefährlichen Gedankengut machte sich 1984 jene jüdische Untergrundorganisation, die dem Führerkreis der „Gush-Emmunim" nahestand, ans Werk, den Felsendom und die Al-Aqsa-

Aqsa-Moschee auf dem Tempelberg in die Luft zu sprengen. Das Attentat wurde verhindert. Das unermeßliche Reservoir von „Eretz Israel“ oder Groß-Israel befeuert aber bis heute die extreme Siedlerbewegung. Ein Teil dieser Bewegung ist seit 1967 in der „Groß-Israel-Bewegung“ beheimatet. Ihre Anhänger stützten ihre Forderungen vor allem auf geographische, historische und strategische Argumente. Allerdings blieb diese Gruppe im gesetzlichen Rahmen. Eine große Zahl ihrer Anhänger wechselte aber in das Lager von extremen Rechten. Schließlich wären in diesem Zusammenhang auch die „Getreuen des Tempelberges“ zu nennen. Sie fordern die Beendigung der Verwaltung des Tempelberges durch die Muslime. Sie streben die Errichtung des dritten Tempels nach salomonischem Vorbild an. Noch Ende der 80er Jahre haben sie eine spektakuläre Aktion geplant. Sie versuchten tatsächlich den Grundstein für den dritten Tempel Salomos auf dem Tempelberg zu legen. Danach wollten sie die Omar- und Al-Aqsa Moschee entfernen. Die israelische Polizei hat auch dieses groteske Vorhaben gestoppt.

Nicht verhindern konnten die Sicherheitskräfte den Mord an dem israelischen Ministerpräsidenten Yitzak Rabin am 4. November 1995 in Tel Aviv durch den Attentäter Yigal Amir. Seine extremistische Studentengruppe („Ejal“) stand der Moledet-Partei nahe, die die militanten Siedler mit ihrer messianischen Lehre unterstützte: „Jeder Fußbreit dieses Landes ist Gottes Land – liegt es in unserer Macht, auch nur einen Millimeter preiszugeben?“, lautete die rhetorische Frage des Rabbi Zvi Jehuda, des fundamentalistischen Ziehvaters der Siedler. So erklärte denn auch der Rabin-Attentäter: „Gott selbst hat mit den Auftrag gegeben.“

Statt eines Nachwortes: Fundamentalisten und Säkularisten, Traditionalisten und Progressisten

Hans Küng hat in seinem Buch *Das Judentum* ein Streitgespräch zwischen den äußersten Positionen des heutigen Judentums fingiert. Er nennt die beiden Gesprächspartner den „Fundamentalisten“ und den „Säkularisten“ und läßt sie sagen:

„*Der Fundamentalist:* Ihr fortschrittlichen ‚Modernen‘ seid im Grunde gar keine echten Juden mehr! Vor lauter Anpassung an die moderne Welt habt ihr alle religiöse Substanz vertan. Ihr vertretet ein Judentum, das seine religiöse Mitte verloren hat: den jahrtausendealten Glauben an Gott und die Auserwählung des Volkes Israel.

Der Säkularist: Und ihr eingebildeten Frommen? Ihr seid im Grunde gar keine echten Menschen mehr! Vor lauter Fixierung auf euren Glauben und eure Gesetze habt ihr euch von der Welt und den Menschen völlig isoliert. Ihr vertretet ein Judentum, das wirklichkeitsblind und selbstgerecht geworden ist und damit die Sympathie der Menschen verloren hat.“ (S. 532)

Ähnlich hat der katholische Bischof Stecher von Innsbruck in der ersten Zeit des Aufflammens der Fundamentalismusdebatte unter dem Stichwort: „Für einen lebendigen Geist und wider den Fundamentalismus“ (Anzeiger für die Katholische Geistlichkeit 1989, S. 187) einen anregenden Impuls zum Weiterdenken gegeben. Der Bischof sieht eine gleiche Gefahr von rechts wie von links, von Seiten der Traditionalisten wie von Seiten der Progressisten; sie neigen beide zum „Fundamentalismus“.

„Der *Traditionalist* plädiert für eine etwas fragwürdige Sicherheit hinter den Festungsmauern der Autorität, der das Denken abgetreten wird, er neigt zur Indoktrination und vernachlässigt die Überzeugungsbildung.

Der *Progressist* gerät in die Versuchung, mit einem Übermaß an Kritik nur allgemeine Verunsicherung zu verbreiten ...

Der *Traditionalist* wittert hinter jeder Begegnung mit anderen Religionen und Bekenntnissen ‚Verrat des Glaubens'. Er ist geneigt, Vorurteile zu konservieren, auch das des christlichen Antisemitismus. Selbst Irrtümer schmücken sich mit dem würdevollen Mantel der Tradition.

Der *Progressist* unterliegt oft der Versuchung, Unterschiede zu überspielen und einzuebnen, und läuft Gefahr, in einem oberflächlichen ‚Seid umschlungen, Millionen' das katholische Profil zu verlieren.

Der *Traditionalist* schaut mit nostalgisch-umflortem Blick in eine gute alte Zeit, die es nie gab.

Der *Progressist* erträumt sich ein utopisches Morgen, das es nie geben wird.

Beide versäumen das Heute."

Literatur

Balthasar, H.U. von (1963), *Integralismus.* In: Wort und Wahrheit 18, 737–744.

Barr, J. (1981), *Fundamentalismus.* München.

Beinert, W. (Hg.) (1991), *„Katholischer" Fundamentalismus.* Häretische Gruppen in der Kirche? Pustet Regensburg.

Birnstein, U. (Hg.) (1991), *Gottes einzige Antwort für Deutschland.* Christlicher Fundamentalismus im Vormarsch. Peter Hammer Verlag.

Deinzer, K. (1990), *Sicherheit um jeden Preis?* Fundamentalistische Strömungen in Religion, Gesellschaft und theologischer Ethik. Eos St. Ottilien.

Frieling, R. (Hg.) (1984), *Die Kirche und ihre Konservativen.* „Traditionalismus" und „Evangelikanismus" in den Konfessionen. Göttingen.

Gitt, W. (1992), *Das Fundament.* Hänssler Neuhausen-Stuttgart.

Gitt, W. (1992), *So steht's geschrieben: zur Wahrhaftigkeit der Bibel.* Hänssler Neuhausen-Stuttgart.

Grabner-Haider, A. (Hg.) (1989), *Angst vor der Vernunft?: Fundamentalismus in Gesellschaft, Politik und Religion.* Leykam-Verlag Graz.

Hemminger, H. (Hg.) (1991), *Fundamentalismus in der verweltlichten Welt.* Stuttgart. (Darin: Fundamentalismus und Wissenschaft. S. 163–196).

Holthaus, St. (1993), *Fundamentalismus in Deutschland: der Kampf um die Bibel im Protestantismus des 19. und 20. Jahrhunderts.* Verlag für Kultur und Wissenschaft. Bonn.

Hottinger, A. (1986), *Die Versuchung des Gottesstaates.* In: Reformatio, S. 134–139.

Jäggi, Ch. J. (1991), *Fundamentalismus.* Ein Phänomen der Gegenwart. Zürich.

Kepel, Gilles (1991), *Die Rache Gottes (La revanche de dieu chretiens).* Radikale Moslems, Christen und Juden auf dem Vormarsch. Aus dem Franz. von Thorsten Schmidt. Piper München.

Khoury, A.Th. (1991), Fundamentalismus im heutigen Islam, in: Kochanek, a.a.O., S. 266–276.

Kienzler, K. (Hg.) (1990), *Der neue Fundamentalismus.* Rettung oder Gefahr für Gesellschaft und Religion? Patmos Düsseldorf.

Kochanek, H. (Hg.) (1991), *Die verdrängte Freiheit.* Fundamentalismus in den Kirchen. Herder Freiburg.

Küng, H. (1991), *Das Judentum.* R. Piper München.

May, G. (1983), *Der Glaube der nachkonziliaren Kirche.* Wien.

Meyer, Th. (Hg.) (1989), *Fundamentalismus in der modernen Welt (es 526).* Suhrkamp Frankfurt.

Meyer, Th. (1989), *Fundamentalismus – Aufstand gegen die Moderne.* (roro 1214-9). Rowohlt Hamburg.

Mynarek, H. (1992), *Denkverbot; Fundamentalismus in Christentum und Islam.* Knesebeck München.

Nagel, T. (1982), *Islamischer Fundamentalismus.* In: Kairos 24, S. 87–99.

Nientiedt, K. (1993), Literaturbericht zum Thema Fundamentalismus. In: Herder-Korrespondenz 47, S. 45–49.

ders. (1995), *Gefürchtet, überschätzt, dämonisiert.* Rechtskonservative Gruppierungen im deutschen Katholizismus. In: Herder-Korrespondenz 49, S. 477–482.

Niewiadomski, J. (Hg.) (1988), *Eindeutige Antworten?* Fundamentalistische Versuchung in Religion und Gesellschaft. (theologische trends 1). Thaur.

Odermatt, M. (1992), *Der Fundamentalismus.* Ein Gott – eine Wahrheit – eine Moral? Benziger Einsiedeln.

Pfürtner, St.H. (1991), *Fundamentalismus.* Die Flucht ins Radikale. (Spektrum 4031). Herder Freiburg.

Schermann, R. (Hg.) (1991), *Wider den Fundamentalismus.* Besinnung auf das Zweite Vatikanische Konzil. Echter Würzburg.

Schmitz, R., *Fundamentalismus und Ethik im Judentum,* in: Kochanek, a.a.O., S. 240–267.

Scheiber, G.W., *Theologischer Fundamentalismus im Islam,* in: Niewiadomski, a.a.O., S. 63–88.

Schulz-Vobach, K.-D. (1992), *Mohammeds Erben: die Fundamentalisten auf dem Weg zum Gottesstaat.* Bertelsmann München.

Thiede, W., *Fundamentalistischer Bibelglaube,* in: Hemminger, a.a.O., S. 131–162.

Tibi, B. (1992), *Islamischer Fundamentalismus, moderne Wissenschaft und Technologie.* Suhrkamp Frankfurt am Main.

Tibi, B. (1992), *Die fundamentalistische Herausforderung.* Der Islam und die Weltpolitik. Beck München.

Tibi, B. (1987), *Vom Gottesreich zum Nationalstaat.* Frankfurt.

Werbick, J. (Hg.) (1991), *Offenbarungsansprüche und die fundamentalistische Versuchung.* (Quaestiones Disputatae 129). Herder Freiburg.

Wielandt, R. (1990), *Zeitgenössischer islamischer Fundamentalismus – Hintergründe und Perspektiven.* In: Kienzler, a.a.O., S. 46–66.

Zimmerling, P., *Protestantischer Fundamentalismus,* in: Hemminger, a.a.O., S. 97–137.

Register